川淵三郎

独裁力

GS
幻冬舎新書
426

まえがき

サッカー界で長く生きてきた僕が、いきなりバスケットボールの関係者としてメディアに出てきたことを、不思議に思った人も多いだろう。

中には、「また川淵か」と、批判的に見た人もいたかもしれない。

事の発端は2014年4月、日本トップリーグ連携機構の安達宣郎さんと、バスケットボール男子元日本代表監督の小浜元孝さんに「分裂している二つのリーグを、川淵さんの力で統合してほしい」と相談されたことだった。

そのときは原因もわからず、返答のしようがなかった。ただ、それなりに僕を信頼してくれているのだと嬉しく思ったのも確かだった。

それから、解決の糸口を探ることくらいはできるかもしれないと、安達さんに頼んで過去の議事録などを取り寄せた。

資料を読み解き分析すると、大きな問題点があった。そして、公平な立場で解決策を導き出すために、話し合いの場を持つことにした。

ナショナル・バスケットボール・リーグを管轄する日本バスケットボール協会（JBA）の会長と、bjリーグの会長とコミッショナー、そして立会人の僕の4人。

但し、僕には何の権限もない。辛抱強く調停役を務め、2時間ほどの会議を3回行い、一定の方向性を見出すことができた。それに基づき、両リーグの関係者が委員会をつくって、協議を始めた。

その後順調に進んでいると思っていたのだが、JBA会長が辞任する事態に陥った。聞くと、トップ同士が合意したにもかかわらず、それぞれ組織に持ち帰ると反対されて覆るという堂々巡りが続いていたという。

結局、話し合いは決裂。国際バスケットボール連盟（FIBA）が示した期限までに解決策を出せなかったJBAは、2014年11月、リオデジャネイロオリンピック予選を含む国際大会に一切参加できないという制裁を科されてしまった。

40年間もオリンピックに出場していない男子代表はともかく、オリンピック予選突破の可能性が高い女子のことを考えると、胸が痛んだ。

このまま国際舞台から隔絶されてしまうのか、63万人を超える登録者たちはどうなってしまうのか――。

それからしばらくして、ＦＩＢＡのバウマン事務総長から連絡があった。ＪＢＡの再生を図るタスクフォースを設置すると以前に聞いていたので、その参加要請かと思いきや、チェアマンに就任してほしい、という話だった。

オリンピック予選に出場するには、２０１５年６月までに制裁解除にこぎつけなければならない。残された時間は約６カ月。誰もが無理だと思うだろう。

だが、ビジョンを示し、それを実現するための道筋さえつければできないことはない。それに、僕の後ろにはＦＩＢＡをはじめ、文部科学省、日本体育協会、日本オリンピック委員会、日本トップリーグ連携機構がいる。何より、「Ｊリーグ」という先例もある。

覚悟を決めて、「解決できるのは僕しかいない」と即答した。僕の不遜なまでの言い方に、彼は驚いたようだった。

振り返ってみると、幼いときから仕切り屋ではあった。その反面、他人の気持ちを人一倍、気にする質でもある。

Ｊリーグのときはその両面がうまく作用し、多くの理解者を得ながら理想を形にしてこられたと思う。ただ、Ｊリーグ創設は、学校体育と実業団を中心に発展してきた日本のスポーツを「地域」に移行させようという大改革だったので、決して順風満帆ではなかった。

メディアは、順調なときは持ち上げてくれるが、少し傾きかけると、こぞって批判に転じる。実際に、対立する人の意見だけを取り上げた批判記事や、事実無根の話を書かれたことは山ほどあった。

だからといって信念が揺らぐことはなかった。理論武装をし、確信を持って、理念の前に立ちはだかる勢力や反対意見に、立ち向かっていった。

元来の負けん気の強さに加え、歯に衣着せぬ物言いに、つくらなくてもいい敵をつくってきたところはある。Ｊリーグのチェアマンを経て、独断専行の傾向が強くなっていったことも確かだ。

だがそれは、目指していることが世の中のためになるという確信があったからだ。特に70歳を過ぎてからはその意識が一層強くなってきたように思う。

新しいことを始めるとき、あるいは組織を改革しようというときは、強力なリーダーシップが必要だ。スピードを要するのであればトップダウンの手法は欠かせない。抵抗勢力はどこにでもいる。リーダーはときに世間の批判に晒されることもある。しかし、自分には邪念や私欲がないという自信があれば、何も恐れることはない。

タスクフォースができる前は秘密裏に動いていたが、チェアマンに就いてからは会議をマスコミに公開したり、取材に応えるなど、意図的に表に出ていった。しかし、門外漢の僕がバスケットボール改革の急先鋒に立ったことを、不快な思いで見ていた関係者は少なくないと聞く。

僕としては、目立とうとか、これまで努力してきた関係者を無視するつもりなど一切なかった。ただ、僕が出ていかないことにはなかなか記事にしてもらえないし、今回の制裁を機にバスケット界が大きく変わり、子どもたちや登録者の夢の受け皿になってほしいという一心からだった。

すると、最初は猜疑心に満ちていたメンバーもある時期を境に変わり、会議で上がる議題も、解決の方向に一気呵成に進んでいった。

近年、成長産業としてスポーツに期待が寄せられている。産官学連携のスポーツ振興も活発化しており、東京オリンピック・パラリンピックを機に、スポーツの社会的価値は一層高まっていくだろう。しかし、今はまだ多くの競技団体が旧態依然とした慣習やしがらみを引きずっている。

本書には、Jリーグを先例にした日本バスケットボール界の改革の道程と、僕がこれまでの成功体験や失敗から学んだリーダー論を綴っている。さらなる発展を目指す競技団体や若い経営者、あるいはリーダーを目指す若者にとって、何かしらのヒントになれば嬉しい。

僕は２０１６年12月で、いよいよ80歳になる。

「独裁者」「ワンマン」と叩かれたことは数限りないが、妙に遠慮したり、自分を偽ったりするようなことはせず、最後まで自分らしく夢を語って生きていきたい。それを良しとするか、くだらないとするかは、本書を読んでくださった方に判断してもらえればいいと思っている。

独裁力／目次

第2章 理念を確立することの意味 61

第3章　日本バスケットボール協会のガバナンス改革　79

第4章 リーダーは独裁者たれ 111

第1章 バスケットボール界に何が起こったのか

バスケットボール界と関わったきっかけ

長くサッカーの世界で生きてきた僕がバスケットボールに関わるようになったのは、2014年4月のある出会いがきっかけだった。

以前からよく知る日本トップリーグ連携機構の安達宣郎さん（当時）が、「相談したいことがある」と言って小浜元孝さんと共に僕を訪ねてきた。

小浜さんは、バスケットボール男子日本代表監督を務めたこともある大ベテランだが、それまで面識がなかった。それでも、80歳を超えた人がわざわざ訪ねてくるというのだからよほどのことだ。それで、何かできることがあればとの思いで話を聞くことにした。

驚いたことに、日本のバスケットボール界がアマチュア主体のナショナル・バスケットボール・リーグ（以下、NBL）とプロのbjリーグに分かれていることについて、国際バスケットボール連盟（以下、FIBA）から厳しく咎められ、10月末までにリーグを統合しなければ、リオデジャネイロオリンピック予選の参加資格を剥奪されるという。だから何とかして一つにしたい。ついては、ぜひ骨を折ってもらいたいということだった。

予選に出られなければ当然、本大会にも出られない。しかも、男子バスケのこのごたごたのせいで、ＦＩＢＡランキング16位（２０１５年10月現在）の女子代表までリオデジャネイロオリンピック予選に出られない可能性があるらしい。

「日本がオリンピックに出られるように力を貸してほしい」

懇々と頼まれた。とはいっても僕はバスケットボールに関しては門外漢であり、部外者である。だからそのときは話を聞くにとどめた。

この話を聞いて、10年ほど前の出来事を思い出した。

２００３年頃、バスケットボールリーグにプロ化の動きが出ていたとき、後にｂｊリーグのコミッショナーに就任する河内敏光さんから相談を受けたことがあった。

プロバスケットボールに対する河内さんの熱い思いを意気に感じた僕は、関東圏のあるＪリーグクラブに「バスケットボールのチームを持ってくれないか」と水面下で働きかけたことがある。実現はしなかったが、それがずっと心の中に残っていた。

それでも、河内さんがＪリーグ・アルビレックス新潟の池田弘さんのところへ話を持っていったことで、アルビレックス新潟のバスケットボールチーム、新潟アルビレックスＢＢが参加することになり、プロリーグ発足の話が進んでいった。そして２００５年11月、六つのチームによる、国内初のプロバスケットボールリーグ「ｂｊリーグ」が開幕した。

そういういきさつを知っていたこともあり、小浜さんから力を貸してほしいと頼まれた後、河内さんに連絡を取り、バスケットボール界の状況を聞いてみた。

一方で、トヨタ自動車の社長時代から知る日本体育協会（以下、日体協）の張富士夫会長に日本バスケットボール協会（以下、JBA）の深津泰彦会長を紹介してもらい話をすることにした。すると深津さんも「ぜひ相談役としてその話を進めてほしい」と言う。

bjリーグの会長でもあるアルビレックス新潟の池田さんとは当然ながら旧知の間柄だ。こうして、深津さん、池田さん、河内さんを呼んで、どうしたらリーグを統一できるかを話し合うことにした。

JBAとbjリーグの間にあった高い壁

3人との会合を持つまでの間、安達さんから渡されたここまでの数々の会議の議事録や書類を読み込んだ。これまでのいきさつや何が問題になっているか、騒動の真相をしっかり把握しておかなければ、具体的な方策も立てられないし、その道筋をつけることもできない。だから、その資料を手に、NBLとbjリーグの問題点はもちろん、関係者の人物像や誰がどんな発言をしているのかなど、事細かに読み解いていった。

僕が間に入って膝を突き合わせて話し合う前は、ＮＢＬを管轄するＪＢＡとｂｊリーグは犬猿の仲だった。

２００５年以降、日本にはＪＢＡ傘下の日本バスケットボールリーグ（ＪＢＬ、その後、ＮＢＬに改組）と株式会社日本プロバスケットボールリーグが運営するｂｊリーグが存在するようになった。

ＮＢＬは企業チーム中心のリーグであり、一方のｂｊリーグはプロリーグとして誕生する時点でＪＢＡから離脱したリーグだ。２００９年にＪＢＡの所属団体の一つである「認定団体」として承認されたが、それはＦＩＢＡからの指導で形をとりつくろっただけで、その後もＪＢＡの統轄下になかった。

ＦＩＢＡは、一つの国に二つのトップリーグがあることを問題視し、２００９年以降、再三にわたってリーグを統一するようＪＢＡに強く求めてきた。

一時期、双方が歩み寄る動きもあったが、本格的なプロリーグを目指して２０１３年にＮＢＬを再編成する前後に、ＪＢＡは、ｂｊリーグの中で人気と実力を兼ね備えた琉球ゴールデンキングスや秋田ノーザンハピネッツ、千葉ジェッツなどを引き抜き、ｂｊリーグを無力化させようとした。それでｂｊリーグは協会を全く信用しなくなったのだ。そんな状態だったので、双方とも話し合いをする気はさらさらなく、弁護士を通して文書のやりとりをするだけ。しかも、そこで交わされている内容は、非難の応酬だった。

自転車操業だったbjリーグの運営

NBLとbjリーグの統一を妨げている要因は何か。

一つは、片方には資金があり、片方にはないということだった。

企業チーム中心のNBLには資金がある。だから選手のサラリーキャップ（年俸総額の上限）も1億5000万円に設定されている。1チームの保有選手数を12人とすると、1人あたりの給料は1000万円を超えるくらい。アマチュアとしては悪くない額だ。

発足当初、NBLのサラリーキャップは2億6000万円だった。だが、bjリーグのサラリーキャップが6800万円だったため、その兼ね合いで1億5000万円になった。もちろん、NBL自体、設定金額を上げすぎると企業の負担が増えるからというのも理由の一つである。

ここで一つ疑問が出てくる。サラリーキャップを6800万円という低い金額に抑えているbjリーグは、プロとして成り立っているのかということだ。

ｂｊリーグを運営する株式会社日本プロバスケットボールリーグの資本金は約15億円。ところが創設してから10年間の累計損失が15億円近くに上っており、近年は債務超過寸前の状態で、資金繰りも厳しい状況に陥っていた。

ｂｊリーグのチームは、加盟するときに２５００万円の入会金を支払わなければならない。リーグは、1年に2チーム増やすことで翌年の運営資金として５０００万円を手に入れ、それをリーグ運営に使っていた。こういう自転車操業の経営をしていたものだから、ｂｊリーグのチーム数は初年度の２００５－２００６年シーズンの6チームから２０１５年には24チームにまで増えていた。ところが近年はそれでも追いつかず、とうとう資本金として集めた15億円がほぼ底をつく状態にまでなっていたのである。

ＮＢＬはＮＢＬで、そんなｂｊリーグとは基本的に一緒にやりたくない。そういう腹の中の思いが随所に出てくる。ＮＢＬはＪＢＡ側だ。ｂｊリーグを見下している感じがそこかしこに出ていた。

経営面で失敗しているｂｊリーグではあるが、ただ、その生い立ちを見ていると、個人的には好ましく思うところがあった。というのも、ｂｊリーグはプロとしてのエンターテインメント性と「地域に根ざす」という理念を持ち、ＪＢＡの圧力にも耐えながら10年間コツコツと活動を続けてきたからだ。

bjリーグは6チームから始まり、最終的に24チームにまで増えたわけだが、やみくもにチーム数を増やしていったわけではない。沖縄の琉球ゴールデンキングスが参入したいと言ったときには現地に行ってチームを視察し、足りないところを指摘して努力を促し、解決策を確認してから加盟を許可するなど、そういう意味では堅実なやり方をしていた。

例えば琉球ゴールデンキングスのオーナーである木村達郎さんは、アメリカに行ってプロバスケットボールのノウハウを勉強した努力家だ。そして、日本に帰ってバスケットボールのクラブを立ち上げるために、米軍キャンプがあることでバスケットボール人気が高い沖縄に移り住んだ。

沖縄出身者でないということで、最初は地元の人々になかなか受け入れてもらえなかったというが、苦労に苦労を重ね、何年もかけて今のチームをつくり上げた。また、秋田ノーザンハピネッツの水野勇気社長も当時20代の若さで、外様であるにもかかわらず、苦労してクラブを立ち上げた。そういう意味では、このバスケットボール界には頼もしい逸材がいるのだ。

bjリーグは誕生した当初のやり方を継続していたら、かなり良いリーグになっていたのではないかと思う。

「代表強化」に興味を持たない関係者

深津さん、池田さん、河内さんとは3回ほど会って話した。5月には、JBAとNBL、bjリーグのトップを同じテーブルに着かせ、新リーグ組織委員会もつくった。ネックになっていたのは、やはり、bjリーグを運営する株式会社日本プロバスケットボールリーグをどう整理するのかというところだった。だからbjリーグ側はその債務損失問題の処理についての議論ばかり。それどころか、上場すれば倍額の価値があるなど、空想めいたことまで話している。会議の中で何度怒鳴りそうになったことか。

最も腹が立ったのは、bjリーグ側に、「なぜ代表強化のためにリーグを一つにしなければならないのか。エンターテインメントで地域に根ざして活動しているんだからそれでいいじゃないか。我々に代表強化は関係ない」という考えのチーム代表者がいると聞いたときだ。

国内リーグは、その国の選手のレベルを反映する存在である。それにもかかわらず、「代表強化はどうでもいい」などと言う団体に、果たして存在する価値があるのか。日本バスケットボールの強化につながらないリーグをつくってどうしようとしているのか。よくもこういう発言ができるものだと、はらわたが煮えくりかえった。

もちろん、前段の発言は一個人の意見であってbjリーグの総意ではない。だが、だからといって看過することはできなかった。そういうことを言う人間がいるリーグが発展していくわけがない。

自分でもよく我慢したと思う。「ここで僕が怒鳴ったら元の木阿弥だ」。そう自分に言い聞かせてひたすら我慢した。

なぜかといえば、純粋にスポーツを愛する者として心から何とか話をまとめたいという思いがあったからだ。乗りかかった船だが、僕が手を離したら沈没してしまう。選手のため、バスケットボール界の発展のために何とかしなければ、そういう切なる思いがあった。

しかし、自分が表に出ることは絶対に避けたかった。だから秘密裏に事を進めていた。

バウマン事務総長との会談

そんななか、この問題で足しげく日本とスイスを往来していたFIBAのパトリック・バウマン事務総長が来日した。後に僕と大いに意気投合する人物だ。

バウマン事務総長は日本に来ると、まず文部科学省（文科省）や東京オリンピック・パラリンピック競技大会組織委員会の森喜朗会長ら関係筋と会い、様々な情報を収集した。そこで、「川淵三郎という、水面下で動いている人間がいる。会ってみてはどうか」という話になったようだ。そういった経緯で2014年10月14日にバウマン事務総長と会うことになった。

正直言って彼と会って話すまでは、FIBAを好意的に見ていなかった。日本に対して一方的に事を進めようとしている、大上段に構えて自分たちの考えをゴリ押ししていると思っていたからだ。

ところが、彼と話をしてみると、FIBAのスタンスは実にフェアで、あくまでも日本の関係者が自力で問題を解決することを望んでいるのがわかった。

バウマン事務総長は「日本は、bjリーグの15億円の累計損失のことばかり」と嘆いていた。全く同感だった。「日本のバスケットボール界はたかだか15億円の会社の処理を巡って右往左往しているのか」と。

だから、開拓すれば100億円にも200億円にもなる市場を前に、目先の「15億円」のことばかりに気を取られて前に進めないbjリーグが歯がゆくてならなかった。「そんなものは全部捨ててしまえ」という気持ちでいっぱいだった。バスケットボール界が大きく変わろうとする最大のチャンスが巡ってきたというのに、その処理に身動きが取れなくなっているなんて。

大切なのは、高い目標を掲げることだ。バスケットボール界には63万人を超える登録選手がいる。これは野球、サッカーに次ぐ多さで、今後人気スポーツとして発展するポテンシャルは高い。大きな夢を持てば、必ず成功する。

タダ券をばら撒いて3000人規模のスタンドを半分埋めるのに汲々としている状況だが、営業努力をすることで必ず3500人、4000人とお客さんは増えていくはずだ。そうすれば、bjリーグが抱える15億円の累積損失を回収できる可能性も出てくる。

突然辞任した、JBA会長

事態が急転したのは、バウマン事務総長と会ってから1週間ほど経った2014年10月22日のことだった。

携帯電話が鳴り、画面を見ると深津会長からだった。夜の突然の電話だったのでどうしたのかと思って出ると、「川淵さん、私は明日、JBAの会長を辞めます」と言うではないか。

統一に向けて前進しているものだとばかり思っていたので、深津さんの辞意は青天の霹靂だった。話を聞くと、NBLとbjリーグのトップが集まる会議で話がまとまっても、それぞれの組織に持ち帰ると反対されて覆るという堂々巡りが続いていたのだという。また、協会の幹部同士の足の引っ張り合いもあって、深津さんは話をまとめることができず、さじを投げてしまった。そして、電話がかかってきた翌23日、慰留の甲斐なく辞任したのだった。

会長が辞めるということは、とどのつまり、バスケットボール界が問題解決を放棄したことを意味する。僕は怒り心頭に発した。一体、自分が今までやってきたことは何だったのかと——。

深津さんはビジネスマンとしてのキャリアも人格も素晴らしい人だが、この問題に立ち向かうには善人すぎた。深津さんの辞任により、JBAおよびNBLとbjリーグの話し合いは決裂し、その後、会合は開かれなくなった。

そして、JBAは、最終期限とされた10月末までにリーグ統一を実現することができず、2014年11月25日、FIBAから国際資格停止処分を科されたのである。

制裁の理由は、トップリーグを統合できなかったことだけではない。

ＦＩＢＡの定款を遵守したＪＢＡの組織再編が実行されていない、既存の2リーグがＪＢＡ管轄下で運営される1リーグに統合されていない、しかも、その一つのｂｊリーグが国際ルールに則って試合をしていない、２０２０年以降の代表チームの強化に向けた明確なプランが示されていない。要するに、日本のバスケットボールを統括するべきＪＢＡが、競技団体として当たり前の使命を全うしていないということが理由だった。

この制裁によって、ＪＢＡはＦＩＢＡの加盟国としての権利を失い、男女共にＦＩＢＡとＦＩＢＡ Ａｓｉａが主催する大会などに一切参加できなくなってしまった。

ジャパン2024タスクフォースのチェアマンに就任

その後、僕は本格的にこの件に関わるようになっていく。

２０１４年12月中旬に再び来日したバウマン事務総長から「タスクフォースのチェアマンになってほしい」と要請されたからだ。

「素人に何ができる」「Ｊリーグを成功させたからといい気になって」「目立ちたがり屋」――。そんな批判が出るのは、十分予想されたが、深津さんの辞任で怒りが頂点に達していたこともあり、必然の流れでこれを引き受けた。

なにしろ必死で調整していた努力が中途半端に終わっていたわけだ。NBLとbjリーグの両者も解決意欲があるとはとても思えず、正直、僕にしかこの事態は収拾できないと思った。自分にとって何の得にもならないことだが、選手のことを考えたら放ってはおけない。選手のことを全く考えていない日本のバスケットボール界に対する怒りに突き動かされたと言っていい。僕はよく、「怒りがすべてのエネルギーだ」と言ってきたが、本当にその通りだった。

こうして、年が明けた2015年1月28日、FIBAによって「ジャパン2024タスクフォース」（以下、タスクフォース）が設置された。

タスクフォースのメンバーには、FIBAセントラルボードメンバーのインゴ・ヴァイス、日本オリンピック委員会の青木剛副会長兼専務理事、日体協の岡崎助一専務理事、JBAの梅野哲雄会長職務代行、電通の中村潔執行役員、東京大学の理事を務める弁護士の境田正樹さん、そのほか、チーム関係者二人、女子バスケットボール関係者などが名を連ねた。オブザーバーとして、文部科学省スポーツ・青少年局長だった久保公人さん、FIBAのパトリック・バウマン事務総長が加わった。

Ｊリーグはスタートする前に5年の準備期間があった。自分が長く身を置いてきたフィールドで、どういうことが難しくて、どこにアプローチしたら良いかわかっていた。それに、サッカーにはプロのクラブというものがなく、どのチームも同じ条件だった。異なる点は、選手がセミプロかアマチュアかというくらいのもので、対外的に見れば大した違いはなかった。それでも5年かかったのだ。

一方、バスケットボールのリーグの統合は6年かかっても解決できなかった難問だ。それをクリアしなければ、日本のバスケットボールは男女代表共にリオデジャネイロオリンピックの予選に出られない。残された時間はたった4カ月。リーグの統合、新しいプロリーグの在りよう、日本のバスケットボールを発展させていくという工程表、すべてに期限を設け、スピード感を持って取り組んでいかなければならない。

誰もがそう簡単にできないと思っているだろう。しかし、それをやり遂げる。バスケットボールの発展を真剣に考えればできないはずはない。

タスクフォースの会議報告の記者会見では「コペルニクス的転回。行き詰まった状況も180度考え方を変えることによって解決への道が開かれる。たとえ常識を外れていても」という大胆なコメントでその決意を表明した。

こうして、コーチェアマンに就任したインゴ・ヴァイスと連携を取りながら、真っ向から問題に立ち向かっていった。

企業チームのNBLを「法人化」する

リーグ統合において問題になっているのは、bjリーグを運営する株式会社日本プロバスケットボールリーグをどう整理するかという点だったことは既に述べた。

一方のNBLの企業チームには別の問題があった。「チームの法人化」だ。

企業スポーツの延長線上という位置づけのNBLは、これまでもプロ化に対して前向きではなかった。ところが今回、FIBA主導でタスクフォースができ、その流れで新たなプロリーグを立ち上げることが宣言された。そこに参入するには、チームが企業から独立して、法人格を持たなければならない。

法人化が最大のネックになるのは、Jリーグをつくったときにも直面した問題であり、Jリーグの誕生後にほかのボールゲームの競技団体がプロ化を目指しながらも頓挫してしまった理由の一つもここにあった。法人化を認めない企業に翻意してもらうのは非常に難しいことなのだ。

例えばそれがトヨタだとすると、バスケットボールチームが会社の中の一部門として活動するなら問題ないし、プロになるのも良い。しかし、チームを一つの会社としてトヨタから独立させることはできない。

NBLを構成する企業チームの親会社は、トヨタ、アイシン、日立、三菱電機、東芝という、いずれもグローバルな活動をしている大企業だ。しかも、堅実な経営をしている。だからどうしても、黒字化が見込めないのに、法人化を進めようという感じにはなりにくい。現状の福利厚生型の企業チームで何ら問題ないというわけだ。

だが、今回はチームを社内の一部門から独立させなければならない。企業チームが乗り越えなければならない、最大のヤマだ。

法人化を実現させるための切り札

なぜ法人化が必要なのか。

アマチュアの企業スポーツではファンを拡大するのに限界があるし、そこに携わる者も選手も、仕事とスポーツを両立することで甘えも弱さも出てくる。その難しさは、僕も選手時代に経験してきたからよくわかる。

明快に線が引かれた逃げ場のない道をつくること。そして、自己完結型で成果配分型の「プロ」でなければ、独立性が生まれず、そのスポーツは発展していかない。

そこで、まずはNBLの企業チームに対して法人化する理由を伝えようと動いた。

これはJリーグが始まるときと同じ作業だった。メリットだけでなく、デメリットも伝えた。また、企業側からもプロ化についてどう考えているかを聞いた。すると、一昔前と比べて、各企業が「株主代表訴訟」を起こされることを気にしていることがわかった。

企業名のないチームに出資するとなると、株主から「なぜ、こんな無駄な出費を容認しているのか」と訴えられる恐れがある。それを心配しているのだ。企業名がついていれば、宣伝効果や社員の一体感の醸成のため、といった説明がつく。

これらを踏まえると、Jリーグのときのように今まで活動してきた企業チームにむやみに名前を変えろ、企業名を外せとは言えないと思った。

なにせ、日本のバスケットボール界はFIBAから制裁を受けている最中だ。可及的速やかにリーグの統一を進めていかなければならない。それには、企業の協力も必要だ。もちろんプロリーグとして全く異質な形にする気はないが、許せる範囲で企業が望むことを取り入れていくのに問題はないと考えた。

その切り札が「チームに企業名を残す」ということだった。

新リーグで「企業名を残す」という決断は、NBLのチームに一定の安心感をもたらしたようだ。

大きかったのは、新リーグ参加の可能性が最も低いと見られていた東芝が参入の意思を示したことだ。東芝と言えば、Jリーグ立ち上げの際、企業名を外せないという理由で、参加を取りやめた会社でもある。

ただ、中に「最初はいいが、時間が経てばいつか企業名を外されるのではないか」という心配をしているチームがあるとも聞く。

むしろ僕が一番危惧したのは、例えばどこかのチームに対して、新たに企業名をつけてくれという話が来たりしないかということだった。新リーグへの参入が決まっているチームに対し、新規の企業が多額のスポンサー料を払う代わりに、企業名をつけてほしいと言ってくる可能性もなくはない。

チームはスポンサー料が欲しい。しかし、企業名が入ることによるマイナス面も考えられる。ここは制約が必要だし、双方にとってのメリットを考慮すべきだ。

企業はチームに企業名がつくことに存在価値を認めているのだから、リーグとしては何とかそれをプラスに働かせる方法を考えればいい。例えば、チームに企業名をつける場合、年間で3000万円くらいの命名権料を払ってもらうというのも一つの方法だ。

マーケティングでできるだけ多くの資金を集めてそれをリーグが一括でプールし、それを各クラブに分配する。少なくとも5000万円くらいはクラブに分配できるようにしたい。これもJリーグと同じ方式だ。

リーグの運営は「不易流行」であれ

蕉風俳諧の一つに「不易流行」という理念がある。

新しく変化していく流行性が実は不易の本質であり、不易と流行とは根元において結合すべきだとする考えだ。

理念を具現化する方法はその時代にマッチしたやり方があって然るべきで、一見、定説や慣習から外れたように思える奇抜なアイデアも、理念に基づいていれば道を逸れることはない。

「不易」とは決して揺らぐことのないものを指す。

Jリーグが開幕した1993年〜1995年は、僕らの予想を超えるほどの人気を博し、多くの人々がスタジアムに足を運んでくれた。しかし、開幕4年目から観客数は減り始め、やがて経営危機に直面した横浜フリューゲルスが横浜マリノスと合併する事態を招いた。

そのとき、各クラブの代表者が集まる実行委員会で、チーム数を減らすべきだという意見が噴出した。それはJリーグが理念に掲げる「豊かなスポーツ文化の振興及び国民の心身の健全な発達への寄与」、つまり、「地域に根ざしたスポーツクラブを日本全国に広げ、地域のスポーツ振興を図りながら有能な選手を育てていく」という目標に、真っ向から対立する考えだった。

Jリーグにおける「不易」が、この理念だ。ここは決して譲れないところだった。もし、あのとき、チーム数を減らしていたら、今のようなJリーグの隆盛はなかっただろう。日本代表がワールドカップに出場し続けたり、多くの日本人選手がヨーロッパのトップリーグで活躍したりしている状況になっていたかどうかわからない。

今のバスケットボールも「プレーヤーズ・ファースト」(選手第一主義)のもと、いかに夢のあるリーグをつくるかを第一義に考えれば、おのずと突破口は開けるはずだ。

その突破口を開く方法、それが不易流行の「流行」の部分になる。

バスケットボールの場合、はじめから企業名を入れることを否定してしまうと、新リーグに参加するチームが少なくなるかもしれない。つまり、企業名を残すことが目標を達成するために必要だったというわけだ。

ただし、企業名に関しては譲歩したが、チームの独立法人化は譲れない。必ず法人化し、バスケットボールのプロクラブとして、特定の地域をホームタウンとし、地域に根ざしたクラブとして活動してもらう。

地元のファンを獲得する努力をしつつ、企業にスポンサーになってもらうなどしてマーケティング収入を増やしていくことだ。そうすることで、すべてがバスケットボール界全体の発展につながり、将来的には多くの選手を雇用でき、有能な人材を輩出できる組織になっていくのだ。

企業名を残すことの本当の意味

企業名を残す、残さないということについて、もう少し述べたい。

Jリーグをつくったときに、チーム名から企業名を外すよう要請したということを覚えている人は多いだろう。かつてマスコミを賑わせた、渡邉恒雄さん（当時、読売新聞社長）との丁々発止の論争の根底はそこにあった。プロ野球のビジネスモデルに則り、ヴェルディ川崎に「読売」の名をつけたい渡邉さんと「ホームタウン制」の名のもとに企業名を外したいJリーグの考えがぶつかり合ったのだ。

Jリーグでは、企業に対して、広告宣伝費としてクラブに出資するという形で理解を得、国税庁にはプロ野球と同様の扱いということで了解してもらった。とはいっても、僕は当初から、企業が一企業市民としてクラブを支援することを宣言していれば何ら問題ないと考えていた。

Jリーグの理念は、地域の誰もが年齢や目的に合わせてスポーツを楽しめる環境を広げ、その広い裾野の中から優れた選手を輩出して日本のレベルを上げていく、それを実現するために、本拠地とする地域を「ホームタウン」として定め、その自治体、地域住民、企業の三位一体の支援体制を得ながら活動する、そして、プロサッカーで得た収入を地域のスポーツ振興に還元する、というものだ。

プロ化が議論され始めた1988年は、バブル経済の頂点だった。「企業メセナ」や「フィランソロピー」といったことが盛んに論じられた時代だ。企業も行政も潤沢な資金があり、社会貢献や地域の活性化といったことに資金を投じる余裕があった。

Jリーグが掲げた「地域に根ざしたスポーツクラブ」、それを象徴するチーム名に企業名を入れずに「地域名＋愛称」とすることに賛同してもらいやすい時代だったのだ。

1964年の東京オリンピック前後から拡大していった企業スポーツは、長い間、日本のトップレベルのスポーツを支えてきた。そこから企業名を外すというのは前例のないことであり、実現すればものすごいインパクトになる。ヨーロッパのサッカーではそれが当たり前なのだという説明材料もあった。

こうして、1991年のヒアリングの際、Jリーグへの参加意思を示した団体に対し、「いきなりは無理でも5年以内にに実現させてほしい」と要請した。ところが新聞やテレビがJリーグの考えに倣った形で「地域名＋愛称」を使ったことから、5年を待たずしてほとんどのクラブが企業名を外した。あれだけ反対していた読売ヴェルディも「ヴェルディ川崎」を名乗るようになっていった。

こうして、Jリーグはそれまでの日本にはない、全く新しいプロスポーツとして社会に受け入れられたのだ。「サポーター」「ホーム＆アウェイ」といった言葉が流行語にもなった。

しかし、今回のバスケットボール界の改革については、Jリーグができてから既に20年以上経っており、当時とは経済状況もスポーツを取り巻く環境も変わっている。バスケットボール界自体もこの間にプロリーグであるbjリーグが発足し、既に10年の年月が経過していた。つまり、プロクラブとアマチュアチームが混在したまま、10年もの間やってきたのだ。

ここでNBLのチームに無理に企業名を外させたら、企業チームがこぞってバスケットボールから手を引いてしまう危険性がある。そんなことでバスケットボール選手が活動の場を失うことになってはならない。

今回、企業側が法人化の部分で歩み寄ってくれなかったら、リーグ統一は不可能だったと思う。例えば日本代表クラスの選手が全員、給料の高い今の企業チームの方に行って、その企業が全部、新リーグから手を引いてしまったら、どうなったか。

今のbjリーグのプロクラブが代表クラスの選手たちを受け入れなければならないが、有能な選手に相応の高い給料を払えるクラブはないので選手が不利益を被ってしまう。もちろん、いずれ人気が出てくれば、観客動員や放送権料、マーチャンダイジング（商品化）などによって収入を確保でき、選手に高い年俸を払えることもなくはないが、すぐに実現できるとは限らない。

今は、企業チームのおかげで選手の給料を高く維持でき、将来的にはそれ以上になることも期待できる。しかも、企業チームが新たに設立するリーグに参加すれば、それらの親会社はみんな大企業だから、マーケティングなどについてもプロリーグにプラスになる貢献をしてくれるかもしれない。海外の有名選手と契約してくれることもあり得る。そういう読みがあったのだ。

もっともNBLのチームを持つ企業も、「プロ化するならやめます」という状況ではないということに気づき始めていた。企業自体も、長い歴史の中でバスケットボールのチームを持つことの価値や、バスケットボールの魅力を認めるようになっていた。

また、少子化や高齢化が進み、スポーツ自体が社会の中で重要なコンテンツとして認識されるようになってきたこともある。しかも2020年には東京でオリンピックが行われる。

だからこそ、チームの法人化という条件と企業名を残すという条件を組み合わせることができたのだ。

代表者会議をすべてメディアに公開した理由

第1回のタスクフォース会議から半月後の2015年2月12日、NBLとbjリーグの代表者による会議を開催した。しかも、会議の中でのやりとりをすべてオープンにした。

通常、マスコミが注目する重要な会議などでは、〝頭撮り〟といって会議の冒頭だけを撮影させ、会議が始まるときには報道陣を退散させる。

しかし、今回は報道陣に会議の一部始終を見てもらうことにした。こういうときこそマスコミの人々にいろいろなことを知ってもらった方がいい。会議の中で反論や異論が出たとしても、それがメディアに出るのは決してマイナスではなく、むしろプラスのことが多い。

現状を見ると、バスケットボールはメディアへの露出が少ない。バスケットボールが新たなプロリーグを立ち上げようとしているのに、マスコミに報道されなくてどうする？ 2016年秋の開幕に向けてバスケットボール界が変貌していく姿を、メディアを使ってタイムリーに見せていく。それが日本のバスケットボールに関心を持ってもらう一助にもなる。

代表者会議をメディアに公開したことで周囲の関係者が心配したのは、川淵批判が挙がったときに、どう対応するのかということだったそうだ。親しい人はものすごく心配したらしい。バスケットボール界のことを何も知らないで徒手空拳で立ち向かうには無理があると。

しかし、僕自身は何も心配していなかった。

経営に関してはJリーグや日本サッカー協会（以下、ＪＦＡ）で17年の経験がある。今回のタスクフォースは、競技のルールを決めるのではなく、バスケットボールの組織を改革しようという場なのだ。それに、バウマン事務総長と会ってから、日本中で自分ほどバスケットボールのことを真剣に考えている者はいないと言えるくらいの自信があった。

会議の翌日、どれだけ大きく報道されているかと期待してスポーツ新聞を開いてみた。ところが、予想に反して記事が小さい。日本のバスケットボール界が大きな改革の一歩を踏んだというのに、サッカー日本代表の武藤嘉紀の身長が昨シーズンより1㎝伸びて179㎝になったという記事の方が大きかったのだ。これには笑ってしまった。それが日本のバスケットボールの現実だった。バスケットボールの関係者はそれをしっかり自覚する必要がある。

Jリーグが開幕した1993年、マスコミのフィーバーぶりはすごかった。開幕の半年前くらいからメディアがどんどん取り上げてくれるようになった。マスコミの露出を広告費に換算したら毎日何十億円もの費用を払うのに匹敵するほどだった。その効果たるや絶大で、Jリーグがスタートで成功したのは6割方マスコミの力だったと思っている。テレビや新聞・雑誌などでニュースに取り上げてもらう、記事を書いてもらうということがいかに大切か。ここは、メディアと良好な関係を築きながらバスケットボールのことを積極的に発信していかなければならないと考えた。

私案として示した新リーグ構想

リーグの統一に関しては、当事者であるNBLとbjリーグの関係者が組織再編に取り組むべきだと思っていた。しかし、両リーグは、競技規則も違えば、試合運営のやり方も審判員制度も違う。移籍やサラリーキャップなど選手の待遇についても全く異なるルールでやっていたため、その調整に相当な時間がかかることが予想された。

先にも述べたが、bjリーグの累計損失が15億円近くもあったため、その事業価値の評価額に合意するのもそう簡単ではなかった。つまり、FIBAが制裁解除の期限とする6月までに、NBLとbjリーグの合意を得るのが困難であることは明らかだった。

そこで、両リーグを運営する法人とその事業を切り離し、事業のみを、新たに設立するプロリーグに移転する。そのためにNBLとbjリーグに加盟するチームには4月末までにそれぞれのリーグに退会届けを出した上で、新リーグに加入してもらうという方法を取ることにした。そして、新リーグの運営法人の設立を4月1日にすることも明言した。

この代表者会議の席で僕は、私案として新リーグの構想を示した。

参加するにあたっては、既存のリーグを退会して新リーグへの入会の意思表示をしてもらうこと、2016年秋に新リーグを開幕すること、1〜3部のピラミッド型のリーグ体制とすること、トップリーグに関しては、ホームゲームの8割以上を開催できる5000人以上収容可能なアリーナを確保すること、サラリーキャップを外すこと、といったものだ。また、この会議では、チームに企業名を残すことも伝えた。

新リーグを3部制にすることへの反発

ところで、リーグ統一に向けた改革案を示すにあたって、僕はJBAや両リーグの幹部と議論をしていない。

これまでの人生で朝早く目が覚めるとか、眠れないなんてことはほとんどなかったが、タスクフォースのチェアマンになってからは、眠れずに考える日々が続いた。そして、バスケットボール界のこれまでや様々な問題を整理し、Jリーグの経験を踏まえた上で、考えに考えて私案を固めた。

NBLとbjリーグの代表者会議で3部制にすると言ったとき、会議場がざわついたのがわかった。「2部に落ちたらファンが離れる」「スポンサーが離れる」「チームが潰れてしまう」「ましてや3部では」という感じ。とにかく、1部に入れてほしいというわけだ。

それは端《はな》から無理な話だった。bjリーグ24チーム、NBLが12、さらにその下に2部に相当するリーグもある。40も50もあるチームが一つのリーグでやれるわけがない。

僕は、「あなたたちは自分のクラブにそんなに自信が持てないのか。ファンは2部に降格したとしてもついてきてくれる。出してくれるお金が多少減ったとしても見放すスポンサーはそういない」と訴えた。

バスケットボールの人たちはそういう経験をしていないから、2部に落ちたら経営が成り立たないと恐れてしまう。ファンや地域住民がしっかり支えてくれるようになれば、簡単に潰れることもないし、潰すこともないのだ。

それはJリーグの経験で証明されている。

今でこそJリーグ屈指のビッグクラブである浦和レッズだが、Jリーグが開幕した当初は万年最下位で、「Jリーグのお荷物」とまで言われる弱小チームだった。それでもサポーターは応援し続けた。

ブームに沸き立つ中、ヴェルディなど人気クラブが6万人収容の国立競技場などでホームゲームをするのに対し、レッズはホームの浦和駒場競技場にこだわった。地元新聞社の協力を得て、毎試合「マッチデー・プログラム」を発行し、チーム情報を地元ファンに伝え続けた。そういった地道な努力があのレッズサポーターをつくり、ブームが去っても観客動員を落とさずにきたのだ。

しかもサポーターや市民が市を動かし、浦和市（現さいたま市）は2年連続で駒場競技場の増築を行った。そして、後にJFAの会長になる犬飼基昭社長の時代には、荒川河川敷に広がる約14万平方メートルの敷地に、天然芝のピッチやテニスコート、ラグビー場、木々に囲まれたデーキャンプ場までを擁する「レッズランド」をオープンさせた。

そして2003年、Jリーグヤマザキナビスコカップ（現JリーグYBCルヴァンカップ）で優勝、翌年にはJリーグセカンドステージを制する。2007年にJリーグチャンピオンとしてAFCチャンピオンズリーグに出場し、アジア王者に。FIFAクラブワールドカップで堂々の3位になるなど、名実共にビッグクラブになっていったのである。

「合併事件」に影響を及ぼしたサポーターの力

1998年10月29日に横浜フリューゲルスと横浜マリノスが合併されるということが報道に出た後、サポーターがJリーグ事務局に来て、「11月末まで合併の話を凍結してほしい。それまでにフリューゲルスを助けるスポンサーを探す。2部に落ちても応援するからチームを残してほしい」と懇願した。

当時、フリューゲルスのサポーターはほかのチームのそれと異なり、今ひとつ盛り上がりに欠けるような印象があった。Jリーグ人気に沸き立っていた時期にも、「フリューゲルスのサポーターは分裂していて一緒に応援しない。なぜ、クラブはサポーター集団を一つにまとめる努力をしないのだ」「チェアマンとして、まとまりのないフリューゲルスをどう考えているのか」といった投書がいくつも来ていた。だから、合併のニュースを耳にしたフリューゲルスのサポーターが抗議行動を起こしたことは、正直言って意外だった。

結果的にはマリノスと合併し、クラブは消滅してしまうのだが、クラブの存続を求めるサポーターの輪はどんどん広がっていった。あのサポーターの抗議行動が、撤退を考えていたほかの2、3クラブの出資企業を思いとどまらせる強い抑止力になり、Jリーグの危機を回避させてくれた。それだけ、サポーターの力というのは侮れないものなのだ。もし、あれが熱狂的なサポーターを誇る鹿島アントラーズや浦和レッズだったら、どうなっていただろうと思う。

100年以上の歴史を持つヨーロッパの国々では、常に優勝を争う強豪クラブ、中間層で安定した戦いをしているクラブ、1部と2部を行ったり来たりする〝エレベータークラブ〟などいろいろな特徴を持つクラブがリーグを構成している。小さなクラブでも、有能な選手を育ててビッグクラブに送り出すことで収入を得ているところもある。市民は、地元生え抜きの選手がビッグクラブで活躍していることを誇りに、地元クラブを応援する。長い歴史の中でクラブそれぞれのポジションが築かれていくわけだが、時折、弱小チームが強豪を打ち負かすジャイアントキリングなどが起こり、ファンは熱狂する。優勝などしようものなら、それが何十年にもわたって地域の人々の語り草になり、伝説になっていく。

要は、クラブが強いだけではダメで、しっかりと地域社会に根付き、多くの人々に愛され、シンボルとなるクラブになるためにどう努力していくかが重要なのだ。

体育館ではなく、アリーナで

プロスポーツは人気がすべてだ。成功するか否かは、アリーナにどれだけ多くの観客を集めるかにかかっている。

ところが、バスケットボールの試合会場はほとんどが体育館。また、多くのチームが複数の会場を使って試合を行っており、使用会場が最も少ないbjリーグの沖縄でも3カ所、ほとんどが6〜8カ所の会場を使用していた。

「管理者の視点のみの体育館」と「観客の立場に立ったアリーナ」は全く異なるものだ。しかも、「アリーナ」と称している会場も土足厳禁であるとか、物販禁止であるとか旧態依然とした規則に縛られていた。一体誰の都合でそんなルールになっているのか、理解に苦しむことが多々あった。

NBL側の質疑応答では、北海道のチームが「一つの体育館で年間8割も試合することはできない。北海道の人に応援してもらうためには北海道中を回った方がいい。その方が多くの人にサポートされて、それが地域に根ざすことにつながる」という持論を展開していた。

けれどもこれは詭弁だ。北海道だけではない。ホームアリーナで試合の8割をやるのは無理だというチームはみんなこれと同じ理論を持ち出し、議論をすり替えることで困難な作業を回避しようとしていた。

では、札幌ドームはどうなのだ。

プロ野球の北海道日本ハムファイターズとJリーグのコンサドーレ札幌が本拠地としている札幌ドームには、北海道中のサポーターだけでなく、全国各地からファンが集まってくる。

「ホーム」という熱い雰囲気の中で、チームと応援するファンとが一体になって、勝利の喜び、敗北の悔しさ、スポーツの素晴らしさを分かち合う場。選手にとってもアウェイの戦いから帰って「これは自分のスタジアムだ」「自分のアリーナだ」と思えるところがホームスタジアムであり、ホームアリーナなのだ。

あちらこちらでやれば、北海道中の人が応援してくれると思うのは大間違い。北海道の人々に愛されるためには、チームを象徴するホームアリーナを持つことが必要なのである。

バスケットボールのクラブ関係者の頭の中には、札幌ドームのことなど参考材料として存在していなかった。みんなまだ、これまでの古い考えに縛られていた。

bjリーグに対するJBAの嫌がらせ

NBLもbjリーグも各地方自治体が所有する体育館で試合をする際は、使用許可をもらうために各体育館の管理者と交渉しなければならない。

ところが管理する担当者は、地域のあらゆるスポーツ団体や市民に対し、公平に貸し出すという原則に沿って割り振りしている。だから、バスケットボールという一競技に年間20試合も30試合も体育館を貸すわけにはいかない。各クラブが最初から諦めているのはそれが理由だった。

そこで、その解決策を示した。

「そもそも交渉先が違う。交渉すべき相手は会場を所有する自治体の首長だ。首長のところに行きなさい。市長、あるいは知事が、『あなたのクラブをこの町のプロのバスケットボールクラブとして認めます。ホームゲームの8割をホームアリーナでやっていいですよ』と言えば、アリーナの管理担当者の判断で貸さないということはなくなる」

一方、ｂｊリーグのクラブには、「都道府県協会にもう一度礼を尽くすように」と言った。

前述の通り、約10年前、ｂｊリーグは立ち上げのとき、ＪＢＡから離脱した。２００９年にようやく協会に許されてその処分を解かれたことになっているが、実際はその間、ＪＢＡは、各都道府県協会と結託して「ｂｊリーグのクラブには体育館を貸すな、審判を出すな」とずっと嫌がらせをしてきた経緯がある。

だから、bjリーグと大部分の都道府県協会の幹部との関係も冷え切っていた。しかし、今までのことは水に流し、お互いが歩み寄って話し合う必要がある。

あえて「前例」をつくることの意味

タスクフォースのチェアマンになってから、試合会場にも何度か足を運んだ。

最初に試合を見に行ったのは盛岡市で行われた岩手ビッグブルズのホームゲームだった。そこで谷藤裕明市長が、「5000人のアリーナをつくりますよ」と言ってくれた。これが飛び上がるほど嬉しかった。

Jリーグのときも最初は、「成功するわけがない」「1万5000人のスタジアムなんて無理だ」なんてことを散々言われた。

だが、横浜市に三ツ沢球技場の改修をお願いしに行ったとき、高秀秀信市長（当時）が即座に「1万5000人収容のスタジアムに改修しましょう」と言ってくれた。それを機に、全国各地でスタジアムの大規模改修が進んだ。

日本は横並びの社会。前例をつくることが大事だ。だから、Jリーグのときのように、谷藤市長の一言が日本のアリーナを変えるきっかけになるに違いないという、確信に近い思いがあった。

盛岡の視察の後、東芝ブレイブサンダースの試合を見に行くと、川崎市も5000人規模のアリーナをつくると明言した。沖縄市はもっと進んでいて、桑江朝千夫《さちお》市長が琉球ゴールデンキングスの木村社長に「コザ運動公園内に1万人のアリーナをつくる」と言ってくれた。

一方で、秋田県知事は議会で「はりつけにされてもアリーナは建設しない」と発言した。秋田と言えば、能代工業高校やかつての秋田いすゞ自動車など日本のバスケットボールを代表する強豪チームが思い浮かぶように、言わばバスケットボールの先進県だ。

「秋田が日本一のバスケットボールの街であることを日本中に示したい。でも残念ながら予算がない。アリーナをつくるにはどうしたらいいか、皆さん、知恵を貸してください」

そう県民に問うのが首長じゃないかと思うのだが、秋田県知事はバスケットボールが地域のPRに格好のコンテンツになるとは思っていなかったようだ。

しかし、その後、知事は秋田ノーザンハピネッツのBリーグ1部入りが決まると、県立体育館をホームアリーナとして建て替える意向を示してくれた。

ビジネスではお客さんをつなぎとめておくために、最初に設定したハードルを下げてしまいがちだ。しかし、ときにはギリギリまで踏ん張ることも必要だと思っている。もしJリーグ立ち上げのとき、参加意思を示したチームが6チームぐらいしかなかったとしたら、主導権はチーム側になり、参加条件を緩めなければならない状況になっていたかもしれない。しかし、予想以上に多くのチームが手を挙げたことから強気に出られたわけだ。あのとき、ハードルを下げていたら日本サッカーは今ほど成功していなかっただろう。

5000人のアリーナを埋めるための営業努力

5000人を収容可能なアリーナができたら、常にそれを満杯にする営業努力をしなければならない。

これまでのbjリーグを見ると、長年にわたって大手広告代理店が中心となって集客に取り組んできていた。ところが、その担当者は「4000人以上はとてもとても無理ですよ」と言っていた。何を理由に無理だと言うのか、彼の数字に根拠はない。赤字経営から脱却するための方策を示そうという発想もなかった。

既存の3000人規模の体育館では半分埋まっても1500人。まさに過去の実績がそうだ。しかも入場者の現状を見てみると、実際にチケットを買って入った観客は1000人くらいだった。「5000人のアリーナなんて無理」などと言っている人に、有料入場者が1000人でプロとして成功すると思っているのかと言いたかった。

それに、試合を開催するのにはアリーナの使用料だけでは済まない。会場の整備やファンの誘導、安全確保、メディア対応など様々な準備が必要で、そのための経費がかかる。その費用をどこから出そうとしているのか。人件費はどうするのか。

5000人のアリーナに8割入れば4000人になる。1人あたり平均3000円の入場料を集めると1試合あたりの入場料収入は1200万円だ。人が足りないというなら増やせばいい。今まで営業が3人というなら、10人に増やすのだ。そのために、コストが5000万円かかるとしても、入場料のほか、放映権やマーチャンダイジングのロイヤリティなどで1億円稼げば5000万円が残るではないか。

とにかく、バスケットボールに携わってきた人たちは、アリーナの規模にかかわらず1500人くらい入れば良いなどと感覚でモノを言っている人が多い。事業として成り立つ努力をせずに、「赤字だ、赤字だ」と言っているのだから話にならない。

もちろん、全チームが赤字というわけではない。秋田ノーザンハピネッツ、琉球ゴールデンキングス、浜松・東三河フェニックスなど、7、8クラブくらいは黒字だったが、このように、経営を一から教えなくてはならないような組織がバスケットボール界だったのだ。

何をどうすればクラブが地元で認められ、大きく発展していくか。そういうノウハウを、バスケットボールの各クラブは知らない。日本サッカーリーグ（以下、JSL）時代のサッカー界もbjリーグと同じで、チマチマと足元ばかりを見ていて、その狭い範囲の中だけで大きくなろうとしていた。しかし、それでは限界があった。

その考えを根本的に変える。

もっと上があるんだ、目指すべきところはもっと高いところなんだと。

第2章 理念を確立することの意味

空気が変わった代表者会議

２０１５年２月の代表者会議では反発心や猜疑心がそこかしこに見え、終始張り詰めた空気が漂っていた。

特に５０００人規模のアリーナについての反発は明らかで、ＮＢＬの代表者からもｂｊリーグの代表者からも、反論とも言える意見や質問が次々と出てきた。

会議の後にもいろいろな声が耳に入っていたし、島根スサノオマジックの社長が自身のブログで、「既にプロチームが10年間、地道に経営を行って発展を続けて来ているところにいきなり、何の擦り合わせも無く『ルールが変わるので従ってください』と言われても難しい」と書いていたというのも聞いていた。

だから、２０１５年３月４日の説明会も、２月の代表者会議と同じように、緊迫したものになると予想していた。抗議集会のようなものになる可能性もあると思っていた。

ところが、前回とは明らかに雰囲気が違っていた。ＮＢＬの代表者からもｂｊリーグの代表者からも、新しいリーグへの期待と熱意が見て取れたのである。

この説明会では、タスクフォースで決まったリーグの具体的な方針を公表した。それは以下の通りだ。

・トップリーグ、チャレンジリーグ、地域リーグ（いずれも仮称）の3層構造にする
・トップリーグのチーム数は16±4チーム
・初年度からリーグ間の昇降格を行う
・リーグの運営組織は、一般社団法人とする
・新リーグは2016年10月に開幕する

また、新リーグへの参加条件は以下のように決まった。

・理念を決めること
・選手の契約は原則プロ契約とすること
・チーム名称には地域名を入れること（但し、企業名は入れて良い）
・ホームタウンを決めること
・収容人員5000人程度のホームアリーナで、ホームゲームの8割程度を実施すること

結果的に、2月の代表者会議で示した私案がすべて通った形になった。

理念なきクラブに存在価値はない

会議では最初に、チームが理念を持つべきだと説いた。

理念や夢を持たないクラブには存在価値などない。もしも理念を持たないチームがあったとしたら、リーグの理念に沿った形でチームの理念をつくってもらう。少し調子が悪くなってくると「理念なんかじゃ食っていけない」と言い出す輩《やから》が必ず出てくる。しかし、その場しのぎに走って大切な理念を放棄してしまったら、その途端、市場における存在価値も消えてしまう。

Jリーグの規約をつくる際は、1991年初頭から1993年春まで2年もの歳月を費やした。リーグにおける憲法とも言える「定款」、具体的な運営に役立てる「規約」、そしてそれを補完する「細則」。人任せにはできないし、これをしっかり確立させなくてはJリーグの基盤が築けない。

最初に、国際サッカー連盟（以下、FIFA）の規約を取り寄せ、しっかり読み込んだ。

その後、ドイツやイングランド、イタリアなど世界のトップリーグの規約も入手して全訳してもらった。サッカー先進国のプロリーグがＦＩＦＡの規約に抵触しない形でどんなルールをつくっているのかを調べるのは当然のことだ。

中心になって頑張ってくれたのは古河電工出身の弁護士である池田正利さんと博報堂の法務室にいた小竹伸幸さんだった。二人がつくったドラフトの中身を精査し、条文などを付け足したり削ったりという作業を繰り返した。命を張ってというのは大げさかもしれないが、それぐらい重要なものと考え、昼夜を問わず、細部まで中身を決めていった。

理念から始まり、基礎的な考え方を規約にまとめて示す。そういう部分をしっかりやらないと運営に齟齬を来してしまう。規約がしっかりしていなければ、問題が起きたときの処理に拠り所がないということになる。

バスケットボールのリーグの規約も刷新する必要がある。なにせ日本のバスケットボール界には二つのリーグが存在し、その一つはＦＩＢＡの規約とは全く異なるルールでやってきたのだから、ここはＦＩＢＡの規約を理解した上で、日本のプロバスケットボールのリーグ規約を再構築しなければならない。

ただ、いくら規約があっても、それをきちんと遵守しているかどうか確認をしないと、ないのと同じだ。

今までのバスケットボール界は、理念も規約もないのと同じだったと言える。規約を遵守しているかチェックする作業に人を割く余裕がなかったというよりも、むしろ何もしていなかった。ＦＩＢＡから「ガバナンスが全くなっていない」と指摘されたのは当然のことだ。

FIBAから要求された改善策

ＪＢＡはＦＩＢＡから様々な改善策を要求されていた。

指摘されていたのは、代表の強化につながる若い世代の育成だ。

過去に、インターハイと日程が重なったために、U－17世界選手権にベストメンバーで出場できなかったことがあるという。

「インターハイは3年先までスケジュールが決まっているが、国際大会は1年前にしか決まらない。国内のスケジュールが決まった後にＦＩＢＡの日程に合わせることはできない」という理由だった。

若いうちから国際経験を積んだ方がいいのは、誰にでもわかること。工夫すれば調整できないことはないのに、選手の未来を考える人も、調整に汗をかく人もいなかったのだ。だが、裏を返せばそれだけ代表チームに魅力がないということでもある。

　僕がサッカー日本代表の監督をやっていた1980年頃も同じだった。所属する企業チームでやっている方が待遇はいいし、遠征に行っても代表よりいいホテルに泊まれる。日本代表は、国際試合ではいつも負け、誰も注目してくれなかった。そんな状況だったから代表として大会に出場するのを断る選手もいた。

　それが、プロができてトップレベルが強化され、アジアの弱小国だった日本代表は、1998年、夢のまた夢だったワールドカップ出場を実現させたのである。

　また、各クラブのアカデミー（下部組織）や全国のクラブチーム、部活動から将来を嘱望される有能な選手もどんどん出てくるようになった。

　バスケットボールの新リーグもJリーグと同じように、クラブがユースチームを持って多様な育成システムを築く。また、中体連や高体連に任せっぱなしにしてきた普及と育成は、各都道府県協会の技術委員会が中心になって方針を立てていく。

　そうなれば各世代の代表強化、ひいてはバスケットボール日本代表のレベルアップ、そして選手のステイタスの向上にもつながっていくはずだ。

サッカーも日本代表が国際舞台で良い結果を出すようになったから、世界で認められ、ヨーロッパのトップクラブで活躍する選手も生まれた。チームが保有する外国人選手の人数についてはＦＩＢＡから「1名」ということが示されている。

ｂｊリーグの試合を見ると、日本人選手のレベルが低いように感じた。だがそれはリーグのレギュレーション上、仕方のないこととも言える。というのも、ｂｊリーグは、外国人選手が3人も試合に出られるのだ。5人でやるスポーツなのにオンザコートで3人も外国人選手がプレーできるというのでは、日本人選手の強化につながるわけがない。だが、ＦＩＢＡが示す「外国人選手1名」では、強化の観点からもエンターテインメント性の観点からも足りない。日本人だけでやっているのではどうしても限界があるからだ。ルールは競技専門のスタッフが考えることだが、僕は、例えば4ピリオドあるうちの2ピリオドはオンザコートの外国人を1人にして、残り2ピリオドは2人出てもいいというルールにしたらどうかと考えていた。

経営の基本は「入るを量りて、出ずるを制す」

僕には、Ｊリーグ時代の苦い経験がある。

爆発的な人気を博し、収入が大幅に増えると、どのクラブもこぞって選手の年俸を上げた。中には収益の50％以上を人件費に充てているクラブもあった。

「入るを量りて、出ずるを制す」というのが経営の基本なのに、どのクラブもＪリーグバブルに踊らされていたのだ。４年目に入るとブームは鎮静化し、１９９４年に１万９９２８人に上った１試合の平均観客数も１万１３１人まで落ち込んだ。高騰した人件費はクラブ経営を直撃。経営を脅かすようになり、フリューゲルスとマリノスの合併など、Ｊリーグ危機を招いた。

ドイツやフランスなどではクラブ経営を監査する委員会があって、堅実な経営をしていないクラブは降格させられる。クラブが破綻したらリーグ戦が成り立たなくなるからだ。Ｊリーグ立ち上げのときにこういった監査委員会をつくることを提案したが、ことごとく反対に遭って実現できなかった。

しかしこのときばかりはそのままでいいはずはなかった。改革するチャンスだ。

すぐに「チェアマン指針」を策定し、そこで経営諮問委員会を設置することやクラブ株主を多様化させて一企業の経営不振でクラブ経営に破綻を来さないような策を打ち出した。

また、自治体の支援を得ている上での義務として、クラブの経営状況を公開する考えも示した。当時はまだ根強い反対意見もあったことから、全クラブの最高・最低・平均値を公開したが、数年後には、全クラブが収支を公表するようになった。今ではクラブライセンス制度が導入され、飛躍的に整備されている。

今回の新リーグも、選手は原則としてプロ契約とすることにし、これまでのサラリーキャップ制度を廃止することにした。プロ選手として獲得できる高い報酬を奪うようなことがあってはならない。ただし、プロ入り1年目の選手だけは上限を設ける。

そもそもサラリーキャップは弱者を救済するための措置だ。新しいリーグになり、仮に7億円、8億円の収入が得られたとしたら、サラリーキャップを6800万円にはしないはずだし、逆にサラリーキャップを1億5000万円に上げるとしても、8億円の収入に対して1億5000万円では低すぎる。クラブの収入規模で年俸を決めるのが前提であり、少なくとも1億円選手をつくるのがとりあえずの目標である。1000万円以下ではプロとは言えないし、安すぎると夢を持てない。

恥ずかしいことに、過去には給料未払いというようなクラブもあったようだが、今後はそういうことが絶対にあってはならない。

そもそも、今回の改革が選手にとって良かったと思ってもらうためにも器を大きくし、営業努力をして大勢の観客を集めようと言っているのだ。

2リーグある状況ではテレビで放送しにくいと言っていたNHKも放送してくれるようになり、放送権収入が選手の育成や強化に生かされるようになる。もちろん、リーグだけではなく、日本代表に選ばれたら手当が増えるようなこともしていかなければならない。

成功のカギを握るのは、地域密着

プロスポーツは地域の支援が発展のカギを握る。そのことを端的に示す例が、Jリーグにおけるヴェルディ川崎だ。

ブームが去った1996年頃から、多くのクラブの経営状態が悪くなっていった。特に、ラモス瑠偉やカズ（三浦知良）らスター選手を多く擁するヴェルディは、高騰する選手の年俸に収入が追いつかず、その放漫経営のツケをまともに食らった。経営が苦しくなっているクラブはほかにもあったが、どのクラブに対しても地域が様々な形で支えていた。

ところが唯一、ヴェルディだけは違った。チーム名に企業名を入れる、入れないで揉めたこともそうだが、川崎市が等々力陸上競技場を改修すると決めた1993年の秋、時を同じくして、ある会合で当時の読売新聞社長の渡邉恒雄さんが、ホームタウンを川崎から東京に移したいと言ったことで、行政サイドや市民から総スカンを食らい、支援を得られなくなったのだ。

けれども、ヴェルディと言えばやはり、Jリーグがスタートしたときにリーグをけん引してくれた貢献度の高いクラブだ。最も華やかで実力のあったヴェルディが、Jリーグの理念から外れる形で凋落していくのはさすがに見るに忍びないところがあった。

その後、ヴェルディは川崎から東京にホームタウンを移転し、法人名を東京ヴェルディ1969フットボールクラブ株式会社に改称、現在はJ2リーグで活動している。しかも、サッカーとフットサルのほか、バレーボールとトライアスロンチームを擁し、「地域に根ざした総合スポーツクラブ」を目指して頑張っている。

各クラブがホームタウンに根ざしてきたからこそ、今のJリーグがある。そうでなければ、開幕から23年で、J1からJ3まで53クラブにも増えていないだろう。多くの人々、とりわけ、行政がJリーグの理念を理解してくれたからにほかならない。

自治体のほか、地元の商工会議所や青年会議所などがサッカーを起爆剤に地域を活性化させようとクラブを応援してくれたことも大きかった。もちろんクラブの努力もある。特に大企業の後ろ盾を持たない後発隊のクラブは知恵を絞り、ホームタウンと連携して様々な活動を展開してきた。

最近では、経済成長を見せる東南アジア諸国連合（ＡＳＥＡＮ）と協定を結ぶ動きも活性化している。サッカーの盛んなタイ、シンガポール、インドネシアやベトナム、カンボジアなどの国でＪリーグやＪクラブ、出資企業の市場を拡大し、日本サッカーの資源を最大化しようと取り組んでいる。

また、ホームタウンの自治体もクラブを介して、地方の特産物や観光需要の喚起など新たなビジネスを展開している。チェアマンだった当時にはなかった発想だ。Ｊリーグもイングランドのプレミアリーグやスペインリーグのように国際化に向けて新たなビジネスに取り組んでいるのは嬉しい限りだ。

ｂｊリーグも地域密着を標榜して活動してきたが、観客が平均２０００人に満たないようでは、その目標を果たしているとは言えない。バスケットボール界もサッカーの地域密着を参考にしてほしいと思う。

それにはやはり、理念をしっかりと確立させ、クラブすべてがその具現化に努めるというところから始めなければならない。

新リーグの適正なチーム数とは?

新リーグの構成に関してはＦＩＢＡから12チームにするように言われていた。確かに、日本のバスケットボール選手の実力から言うと、それぐらいの数が妥当なのかもしれない。

Ｊリーグがスタートするときにも、最初のチーム数を10にすることや、どのチームを入れる、どのチームを落とすということについては相当悩んだ。そこで、参加意思を示したクラブに対し、ヒアリングを実施することにした。

ヒアリングは、将来のプロリーグへの参加の可否を決めるだけのものではなく、現状の活動状況やクラブの考え、地域との連携を把握するためのものでもある。

例えば、参加の意思決定は取締役会に諮り、会社として完全にオーソライズされたものなのか、スタジアムはどこを使用するか、チームとして具体的に戦力をどう増強、補強していくのか、観客動員対策はどうなっているのか——そういうことを事細かくチェックしてポイント化していった。クラブのヒアリングを重ねていくうちにリーグ側としてもやるべきことが整理されていった。

最も重視したのは地域との連携だ。スタジアムの優先使用など行政の支援なしではプロスポーツは成り立たないからだ。

一方、チームごとの戦力差については必須の要件には入れなかった。

ＪＳＬ時代、読売クラブ（東京ヴェルディの前身）は、２部から1部に上がってすぐに優勝争いをしたし、１９９２年、ＪＳＬの２部にいた住友金属工業（鹿島アントラーズの前身）だって、Ｊリーグが開幕した１９９３年には、サントリーシリーズで優勝を果たした。その反対に、優勝争いをしていたクラブが次の年に２部に落ちることもあった。

今回最も悩んだのは、地域との密着の部分だった。というのは、ｂｊリーグには、地域に根付き、プロチームとして成功しているチームもあったからだ。そういう点で見ると、ＦＩＢＡが言う12チームにどうしても収まり切らない。

地域的なバランスも重要なポイントだった。Ｊリーグ同様、バスケットボールも北海道から沖縄まで各地域に分布しているのが理想だ。特に、冬場にも降雪地域でやれるバスケットボールは、それだけでも価値があると言っていい。「バスケットボールで盛り上がって、寒い冬を乗り越えましょう」なんてアピールは一番わかりやすい。ＦＩＢＡにはそういった日本の状況を説明し、最終的に18チームということで了承を得た。

ところで、各クラブと自治体との交渉の席に最初の頃は僕も同行していた。クラブ側がその方が話が早い、と言うのだ。最初は京都、滋賀、奈良に行ったが、途中からはやめた。

79歳の身で47すべての都道府県に行っていたらさすがに体が持たない。

交渉には熱意が必要だ。思いを伝えるには、当事者自らが行動を起こすことが重要である。それが、人脈を生み、情報が得られ、良いアイデアを生むことになる。

Jリーグ時代の経験が生きた、スピード改革

3回目のタスクフォースの会議で新リーグへの加入条件が正式に決まり、僕とヴァイスが記者会見に立った。ヴァイスは、6月には資格停止処分が解除され、7月のオリンピック予選に参加できる見通しを示してくれた。また、今後行われる国際大会の出場申請を例外的に7月20日以降にできるよう期間の延長をＦＩＢＡ Ａｓｉａに交渉してくれた。

まずは、目標を決める。一つの目標を定めてまずはみんなで同じ方向に進む。枝葉の部分は、後から考えていけばいい。

改革する側としては追い込む状況をつくる。しかも主要なポイントを明らかにし、設定された目標を達成できなければ新リーグに入れないということをきっぱりと示す。

Jリーグ時代の経験をバスケットボール界に生かせたからこそ、これだけスピード感を持ってリーグの統合にこぎつけることができたのは間違いない。また、ヴァイスの意見を

取り入れながら進めたことで、道を見失うことなくＦＩＢＡを納得させることができた。

改革を実行するには、リーダーが信念を持って引っ張っていくこと、過去の実例や説得力を持たせる理論武装や迫力、強引さも大事だ。

一方で、現場に対しては競争を促す。新リーグは1部・2部・3部に分けるということを決めると、俄然、みんなが1部に入ろうと努力するようになっていった。アリーナについても、最初に僕が「５０００人のアリーナ」と言ったときにはチームから相当な反発があったが、この時点で既に10以上の自治体がアリーナを用意すると言っていた。多くの自治体がこぞって改修や新設に動き出していったのだった。

第3章 日本バスケットボール協会のガバナンス改革

崩壊していたJBAのガバナンス

リーグの統一に目処が立ち、次に取り組んだのがJBAのガバナンス改革である。

JBAが主催した2015年3月15日の「ガバナンスに関する勉強会」で、僕は強い怒りをぶちまけた。その場にいたのは、JBAの理事、評議員など約90人。「FIBAから『2014年の10月末までにリーグを統一しなければオリンピック予選に出場させない』と言われていたにもかかわらず、解決策を出さなかった。この体たらくは一体何ごとか。63万人を超える登録者を擁しているのに、これほどおろかな競技団体はない。この機会に皆さんが心を一つにしてやらないと変わらない」

「体たらく」なんて言葉を使ったのは、いつ以来だろう。

相談役として助言していたときには、FIBAの制裁対象項目の中で一番の難題は「リーグの統一」だと思っていた。それさえ解決すれば、残りの「ガバナンス改革」と「日本代表の強化」は何とかなる。特に、ガバナンスの改善に関しては定款も規約もあるのだからそれを真摯に履行すれば大した問題ではない。そう思っていた。

ところがいざ実際に中へ入ってみると、一番ひどいのはガバナンスだった。知れば知るほど、目も当てられないような組織だった。「体たらく」なんて言葉が自然と口から出てくるほど、バスケットボール界はどうしようもない状態だったのだ。

後日談だが、我ながら面白いと思ったのは、勉強会からしばらく後の会議で、ある評議員が「川淵さんに体たらくと言われましたけど……」と前置きして話し出したことだ。勉強会では僕の勢いにみんな気圧されたようだが、その一方で、「体たらく」を認めざるを得ないと思っていた人もいたようだ。

勝負をかけるところでは、迫力が必要だ。何とかしなきゃ、何とか改革しなきゃとの思いがあったからこそ、周囲にもその気迫が伝わったと思う。

僕には、その場しのぎで適当にやって、ダメならダメでしょうがないという中途半端な気持ちは一切なかった。血圧が200を超えることも度々あったが、それくらい身を挺して取り組んだ。陰口を言う人はいたと聞くが、サッカーでの実体験からもたらされる理論に真っ向から反対する人は出てこなかった。

新しく発足した新理事会の面々

過去に日本は世界バスケットボール選手権のホスト国になったことがある。2006年のことだ。ところが、当初の見込みを超える多額の費用負担が発生したことから組織内で内紛が起こった。以来、会長や専務理事が頻繁に交代し、組織として確たる意思決定ができない状態が続いていた。

勉強会では、組織体制を一新するための理事と評議員の総辞職を、予定より時期を早めて2015年5月中旬までに行う方針を示した。5月中にJBAの新体制を明らかにすることで、6月に開催されるFIBAセントラルボードで制約解除を認める動きが早まることが期待できるからだ。

FIBAのバウマン事務総長は、協会の理事は7～10人でいいと言っていた。重要なのは、会長と財務担当の副会長、それに実質的な責任者である事務総長だと。

しかし、これについては異を唱えた。日本の場合、9ブロック（北海道、東北、関東、北信越、東海、近畿、中国、四国、九州）の地域協会と各都道府県協会が関係を保っていかなければ末端まで情報が行き渡らない。だから、最低でも20人にしてほしいと主張した。評議員については、JBAと地域協会が常にコミュニケーションを取る必要からも、できるだけ多くした方がいいとも伝えた。

2015年4月8日に開催されたJBAの臨時理事会は、理事25人のうち21人が出席した。そして、その全員が辞任の意思を示し、残りの4人については、後日、執行部が彼らの辞意を確認した。

翌2016年6月までの暫定的な新理事会は、バスケットボール界にしがらみのない、スポーツの知識を持った少人数で行うことを伝えた。

そして、2015年5月13日の臨時評議員会で新しい役員を選任し、続いて開催した臨時理事会で、僕が会長に就き、JBA初の女性副会長には、日本オリンピック委員会名誉委員の小野清子さんとバレーボール元日本代表でJリーグの理事も務めたことがある三屋裕子さんが就任することが決まった。

小野さんは、体操代表として1964年の東京オリンピックに出場した実績を持ち、国会議員の経験もあり、スポーツへの造詣が深い。三屋さんは昔から、Jリーグの理念が日本のスポーツ界の発展には必要とコメントしていて、Jリーグの理事をお願いしたことがある。しっかりとした意見を持っている人なのでバスケットボール界にとって必ずプラスになると思い、無理を押してお願いした。

専務理事を兼務する事務総長には、Jリーグの村井満チェアマンに相談し、Jリーグの常務理事でクラブライセンス制度の導入などで手腕を発揮した大河正明を据えた。

というのも、大河が所用で訪ねてきたときに僕は連日の会議で疲労困憊していて、それを見た大河が「このままでは川淵さんが死んでしまう」と本気で心配し、「僕にできることがあったら何でも言ってください」と言ってくれたのだ。聞けば、大河は京都の洛星中学校でバスケットボールを始め、全国でベスト4、洛星高校では近畿大会で準優勝したという。運命のような巡り合わせを感じた。

理事には、JXホールディングス執行役員総務部長の山本一郎さん、早稲田大学スポーツ科学学術院教授の間野義之さんを、監事は、タスクフォースの番頭のような役割を担ってくれた弁護士の境田正樹さん、税理士で日本スポーツ振興センター助成事業評価ワーキンググループの委員を務める須永功さんを選任した。

サッカー、体操、バレーボールと、各競技の経験者が登用されたのも希有《けう》な例だ。その顔ぶれを見れば、バスケットボール改革に懸ける意気込みが伝わると思う。

余談だが、この人事に「バスケットボールがサッカーに乗っ取られる」と異を唱えた関係者がいたというが、正直、「乗っ取る値打ちもない協会なのに」という気持ちだった。

僕は、サッカーだけが発展すればいいなんて思ったことはない。外遊びが少なくなった子どもたちが体も心も健やかに成長するために、いろいろなスポーツを楽しめる社会になってほしい。そのためにもバスケットボール界が健全に運営され、地域のスポーツ振興の担い手となって、プロ選手を目指す子どもたちの夢の受け皿にならなければならない。

だから、リオデジャネイロオリンピックの予選にすら出られない危機に瀕していた日本のバスケットボール界が一丸となるためにこの仕事を引き受けた。JFAの大仁《だいに》邦彌《くにや》会長(現名誉会長)も、大河を出してくれた村井チェアマンだって、同じ気持ちだった。63万人を超える登録者のことを考えれば、あのままの協会でいいはずはないのだから。

日本のスポーツ界は極端な縦割り社会だ。「スポーツ立国」を目指すのであれば、日本のスポーツ全体を発展させるための横串が絶対に必要になってくる。そういう意味でも日本のスポーツ界にインパクトを与えるバスケットボール協会の改革だったと思う。

日本らしさが出せた今回の改革

臨時評議員会、臨時理事会が解散した後にヴァイスがこう言った。

「今回、短期間でここまで改革できたのは、日本人ならではの意思の疎通があったからだ。理事と評議員が全員辞めるという決断をしたところは、特にすごいと思った」

ヴァイスは、きちんと日本の良いところを見ていてくれたのだ。

もちろん、自薦他薦で売り込んでくる者や、ある人物を名指しで次の会長にしろとねじ込んでくる者もいなかったわけではない。しかし、そういった意見は、一切無視した。代わって理事への根回しや辞表の取り付けといった、嫌な仕事を、JBAの梅野哲雄会長代行と弁護士の境田さんが担ってくれた。改革を推し進める上で役員がごねることがなかったのは、彼らの努力の賜物だ。

また、心強い後ろ盾があったことも大きかった。

何といっても、FIBAのパトリック・バウマン事務総長とタスクフォースのコーチェアマンのインゴ・ヴァイスは良きパートナーだった。

彼らとは気心が通じていた。バスケットボールに対して同じ理想を持っていた。だから、ときに意見がぶつかっても、目指すべきところは同じだったので、説明すればすぐに話がまとまった。

また、下村博文元文部科学大臣や日本スポーツ振興センターで手腕を発揮した久保公人文科省スポーツ・青少年局長（当時）ら政府関係者が、日本のバスケットボール界が良くなってほしいという純粋な気持ちを持って支えてくれた。さらに日体協や日本オリンピック委員会（JOC）、日本トップリーグ連携機構、こういったスポーツ団体がすべて僕を後押ししてくれた。

さすがにこれだけの勢力に対しては、誰も太刀打ちできないだろう。

重要なことに取りかかる際、成すべきことが大きければ大きいほど、強い後ろ盾があるのとないのとでは推進力が全く違ってくるものなのだ。

いかに有能な人材を確保するか

さらに、僕の仕事をサポートしてくれる有能な参謀の存在も大きかった。

タスクフォースに関わる際、真っ先に相談したのが、かつて鹿島アントラーズの常務取締役だった海保宣生さんだ。海保さんは、1964年の東京オリンピックにバスケットボール日本代表として出場した名選手だ。2006年に、当時の山形県知事の齋藤弘さんからクラブ経営のできる人材を紹介してほしいと言われ、定年退職後に地元の千葉県に戻っていた海保さんを紹介したことがあった。海保さんは当時のモンテディオ山形の運営母体だった山形県スポーツ振興21世紀協会の理事長に就任、クラブ財政の安定化に取り組み、モンテディオをJ1に押し上げた。

それで、海保さんに連絡してバスケットボール界で優秀な人材を紹介してほしいと頼んだのだが、その話が進んでいた矢先、海保さんが急きょ入院することになってしまい、残念ながら回復することなく、亡くなられてしまった。

海保さんの筋が潰《つい》えてしまい困っていたところ、文科省から紹介されたのが境田弁護士だった。境田さんは日本スポーツ法学会のメンバーで、かつて日本フェンシング協会の不正経理問題で第三者委員会の委員長を務めるなど、スポーツ関係のトラブル解決のプロだ。

タスクフォースでも彼は僕の懐刀として、ＦＩＢＡとの交渉がスムーズに運ぶための資料の作成など、細々とした仕事を完璧にこなしてくれた。先に述べたが、理事の辞表を取り付けるという厄介な仕事も精力的に取り組んでくれた。

また、日本トップリーグ連携機構の安達さんもバスケットボール界の問題をすべて把握できるように、機密情報とも言える資料まで用意してくれた。

サッカー界の人脈ならすべて把握しているつもりだが、畑違いのバスケットボール界ではそうもいかない。その業界の人脈を押さえること、そして、いかに有能な人材を確保するかといったことも改革を実行する際には重要なことなのだ。

「協会」を「企業」に変える

日本のスポーツ競技団体は、会長、副会長は非常勤で、専務理事にある程度の決定権を委任しているケースが多い。ＪＢＡも同様で、旧態依然とした流れでここまできてしまった。それが日本の競技団体の実情だ。

かつては、ＪＦＡもそうだった。

１９９３年にＪリーグができ、日本サッカーのトップのレベルは飛躍的に向上した。１９９８年には日本代表が初めてＦＩＦＡワールドカップに出場。日本代表の人気も急上昇し、ＪＳＬ時代、閑古鳥が鳴いていた代表戦も毎試合が満員御礼となった。２００２年には韓国との共催で、ワールドカップを開催。この大会で日本はベスト16進出を果たす。大会は大成功し、収支も黒字になった。しかも、ＦＩＦＡとの契約はすべてドル建てだったことから円安の恩恵にもあずかった。１９９０年頃に16億円ほどだったＪＦＡの予算はこの年、１６０億円を超えた。ちなみに、２０１６年度の予算は、２００億円の大台に乗り、Ｊリーグの年間予算も１３０億円になっている。

２００２年のワールドカップが終わった翌月の理事会で、僕はＪＦＡの第10代会長に就いた。

ＪＦＡの会長になったら協会をもっと企業的な組織に変えたいという強い思いがあった。

そこで、会長職を非常勤ではなく常勤・有給とし、ずさんだった職員の給与形態もあらためて年俸制に変えた。

ところで、僕がＪＦＡの会長になってから初めて会長に給料が支払われるようになったと言われていて、しかも一部メディアには年間３０００万円もの給与が支払われていたと書かれたことがある。しかし、それは違う。僕の在任時の６年間は、１８００万円だ。また、それ以前の長沼健さん、岡野俊一郎さんにも非常勤役員として多少なりとも給与が支払われていた。特に２００２年のワールドカップ招致のときは、長沼さんが中心となって招致活動をしていたこともあり、それなりの報酬が支払われている。

仕事や責任に合った対価が発生するのは当然のことだ。むしろ、トップが非常勤で無報酬というのは、組織が日々どう動いているのかわからないし、基本的に無責任に通じる。改善策も示さず、責任も取らず、うやむやのうちに辞めてしまうのが関の山だ。

それに、有能な人材を確保するためにも給料を支払うことは大切なことだ。登録費だけで細々とやっているような同好会的組織ならそれは不可能だろうが、組織や競技そのものを大きく発展させようとしている競技団体は、トップがボランティアでは務まらない。競技面だけでなく、ビジネスとしてどうあるべきかという観点も必要になってくるからだ。

ビジネス感覚を持つ有能なトップがいることで財源豊かな体質になっていくのだ。

しがらみを断ち切る

ところで、これまでＪＢＡはどのくらいの予算で運営されてきたのか。

２０１５年度の年間予算は約15億円だ。

収入の内訳は、選手の登録費が約10億円で、後はゼビオというスポーツ用品量販店からスポンサー料として5億円をもらっていた。

ありがたい契約だったのだが、ただ、ここにも大きな問題があった。確かにゼビオからは5億円もらっているのだが、そのうちの3億円をジュニアユースの大会などの手数料としてバックすることが契約の条項に盛り込まれていたのだ。だから、ＪＢＡのスポンサー収入は2億円しかないというのが実態だった。

これには、ゼビオが最初にＪＢＡのスポンサーになるときの力関係が影響している。ゼビオとしては、ＪＢＡのスポンサーをするつもりなどなかったが、当時のＪＢＡ会長だった麻生太郎さん（現副総理・財務大臣）に頼まれたため、しぶしぶ引き受けたという経緯がある。ＪＢＡとしては当時、手取りで2億円もらえれば御の字だと考えていたと思う。

調べてみると、経費として3億円を戻すときの経理処理がきちんとなされていなかった。大会の開催費としてゼビオに請求されたからそのまま出すというのが実態だった。

Jリーグができる前、JFAのオフィシャルサプライヤーは、アシックス、プーマ、デサント（アディダスとライセンス契約）の3社で、それぞれが1500万円ずつお金を出し、3社持ち回りで代表のユニフォームを製作していた。当時の代表ユニフォームといっても売上げはたかが知れていて、協賛金は持ち出しだったはずだ。このありがたい協賛金収入と登録費でJFAの運営が賄われていた。JSLのチームもそれぞれスポーツメーカーとの付き合いがあった。

Jリーグ立ち上げに際し、ミズノが「すべてのユニフォームをデザインし、しかも2億円の協賛金を出す」と言ってきた。ミズノがJFAに交渉していることを耳にしたアシックスもプーマもデサントも、当然、僕のところに圧力をかけてきた。3社合わせて同額に近い協賛金を出してくれれば、今までお世話になった恩義もあるので3社合同でもいいと思っていた。

しかし、彼らが提案してきた額は、ミズノに到底及ぶものではなかった。それまでのサッカーグッズの売上げから見て、そんな大金は出せないと思うのも無理はなかった。

一方のミズノは、デザインから生地の選定も含めて、すべてこちらの要望に応じるという。それに加え、当時、ミズノは若者に人気の『ねるとん紅鯨団』というテレビ番組のスポンサーになっていて、そこでＪリーグのスポットＣＭを出してくれるというのだ。３社には申し訳ないことだが、プロとしてミズノにお願いするのは当然だった。

ＪＢＡの契約に関しても新リーグの立ち上げを機に、これまでのしがらみを断ち切ることが必要だった。そこでゼビオに申し入れて話し合いの場を持った。幸いにもゼビオが理解してくれたおかげで契約を終えることができた。

これによって新たなマーケティング活動が可能になり、新しい執行部の努力で２０１６年度の予算では26億円を上回る財源が確保できた。財政面でゆとりができ、さらに拡大しようという発想につながっている。

孫正義会長からのありがたい言葉

一方の新リーグは、ソフトバンクグループ株式会社との大型契約にこぎつけた。大河を中心とする事務局の努力もさることながら、孫正義会長のスポーツに対する理解の賜物でもある。

孫さんとの関係は、Jリーグがスタートする前、放送権を買いたいと孫さんがルパート・マードック氏と一緒に来られたのが始まりだ。孫さんはこのとき、白紙の小切手を差し出した。

既にNHKとの契約が成立していたため、その小切手にサインすることはできなかったが、それ以降もゴルフなどを通じて、親しくお付き合いをしてきた。

新リーグのマーケティングに関しては、ソフトバンクとの契約を結ぶ3カ月ほど前、ある企業と交渉を進めていた。ところが、トップの判断がなかなか下されなかった。そんな折、孫さんから電話があったという伝言を受け、直接、連絡を取った。

「人間は本来、闘争本能を持って生まれてくる。だから戦争が起きてしまう。それをスポーツに置き換えることで平和につながる。今ほどスポーツが大事なときはない。だから川淵さんを応援したいんです」と言っていただき、涙が出るほど嬉しかった。

ソフトバンクとの交渉はわずか2日。いかに孫さんの決断が速いかわかるだろう。しかも、その前に交渉していた企業の数倍もの額で支援してもらえることになった。

さらに、その後の会食の席で、男子バスケットボール代表のユニフォームのスポンサーになってもらえないかとお願いすると孫さんはこうおっしゃった。

「ソフトバンクとしては最強のチームにソフトバンクの名前をつけたいので、それは勘弁してほしい。ここは、関連会社が運営するスポーツナビでもいいですか」

そして、驚いたことにこう続けたのだ。

「スポンサー料は、川淵さんの言い値で、ここで決めます」

二十数年前の白紙の小切手を思い出した。それで、思い切って数億円を提示したところ、即決していただいた。

新しいことを始める際、それまでお世話になってきた人との関係を断ち切るというのは非常に難しい。しかし、全体の利益や発展を考えたとき、新しいところに変えることもやむを得ない。いつか恩返しができるようになったときにその恩を返せばいいのだと思う。

ずさんだった登録料の徴収

JBAは登録料の集め方もいい加減だった。

バスケットボールの登録選手は全国で63万人以上おり、JBAが徴収する年間の選手登録料は現在、成人の選手1人あたり1000円、U－15～U－18年代が500円、U－12が400円だ（チーム登録は、一般が1万円、高専～U－18が4000円、U－15が25

00円、U－12が1000円)。これを、各都道府県協会を通じて集めている。

当初、各都道府県協会が、年代に応じてそれぞれ一律の金額を選手から徴収しているのかと思っていたが、そうではなかった。

成人選手の場合、実際は1500円とか2000円とか協会ごとに金額がまちまちなのだ。上乗せした金額分は各都道府県協会の収入になり、1000円をJBAに納める。一方で、上乗せ分を取っていない協会もある。

もちろん、上乗せしてはいけないというわけではない。上乗せした分をバスケットボールの普及や練習環境などの改善に役立てているというのなら何ら問題ない。要は、基準が明確ではないというところが問題なのだ。これからはもっと透明性の高い会計にしていく必要がある。

別の問題もある。バスケットボール界には都道府県協会だけではなく、例えば大学連盟、日本家庭婦人連盟など、連盟が非常に多く、その数は12団体。ほかにも認定団体として6団体ある。JBAはそれら連盟に補助金を出しているのだが、これらの各連盟の活動状況や決算状況を全く把握していない。それなのに、年間1000万円もの補助金を出しているところもあった。

赤字団体を放置する一方で、黒字団体に補助金を出し続けているなんてあり得ない。このように、すべての元凶が協会の統治力のなさにあった。

財源を確保するために考えたのは、選手1人あたりの登録料を200円増やしてもらうということだ。そして、200円のうち、100円を各都道府県協会に戻す。すると、JBAも、都道府県協会全体でも6300万円ほどの収入増になる。それを選手の育成や海外遠征などに充てるのだ。

JBA主催の勉強会でこの提案をしたときの反応が面白かった。それまで抵抗姿勢を取っていた評議員が、もろ手を挙げて賛成してくれた。

具体的な金額を示すときは先にきちんとした下調べをするべきで、これは経営のいろはだ。足を突っ込んでみたら組織改革の方がよほど大変だったというのは、こういうことだ。

会長直轄の「キャプテン・ヘッドクオーターズ」を設置

バスケットボール協会の会長になって何から手をつけたか。それを記す前にサッカー協会の会長になったときのことを述べたい。

最初に僕が着手したのは、草の根の目線に立った改革を推し進めることだった。日本サッカー協会の「会長」というと、なんとなくとっつきにくいイメージを与えると思い、Jリーグの「チェアマン」のように、親しみを持って呼んでもらうため、愛称を「キャプテン」とした。

そして、会長直轄の「キャプテン・ヘッドクオーターズ（CHQ）」を設置し、登録制度の整備やキッズ年代のスポーツ推進、地域／都道府県協会の活動推進といった9項目からなるミッションを策定した。

各協会の意欲や状況に応じてできることから始めてほしい、そのために必要な財源のサポートはJFAがすると、それぞれのミッションに予算をつけて、取り組む各協会に補助金を出すことにした。ワールドカップの余剰金をJFAが貯め込むのではなく、地方協会の活動に投資することで、サッカー界全体が活性化するという考え方だ。

そして、2年をかけてCHQのスタッフが各協会に赴き、様々な意見やその土地ならではの課題、考え方などを収集し、それについての議論を重ねた。中央でいくら改革論を唱えていてもそれだけでは机上の空論になってしまう。それに、「何も知らないくせにお上が無理難題を押し付ける」と、却って地方の反発を生むだけだ。JFAと各協会の担当者が腹を割って話すことで、現場の悩みや問題点が明らかになる。各地の実態がわかれば具体策を立てられるし、それが実践的な取り組みになっていく。それによって、３年先、10年先、50年先を見据えて業務を推し進めていけるのだ。

こうやって各協会の実状を把握した上で進むべき方向性を示したことで、各協会も積極的に新たな企画を立案するようになっていった。目標を実行しようと団結したことでボトムアップ方式の改革も可能になった。

会長就任から３年後の２００５年には「ＪＦＡ２００５年宣言」を掲げ、ビジョンと中長期目標を策定した。それぞれの目標を達成するために具体的なプランを立て、それに基づく業務を「ＪＦＡミッションファイル」に集約し、それを都道府県協会、各種連盟ら関係者全員で共有する。さらにそれをＪＦＡの職員一人ひとりの業務目標にまで落とし込んでいった。

都道府県協会の法人化も改革の一つだった。

僕が会長になる前は、法人化している協会は10もなかった。多くの協会が事務所もなければ常駐の責任者もいない。ただ大会の運営をしているだけのようなところがほとんどだった。それに、任意団体だとどうしても経理が不透明になってしまう。現に、過去にいくつかの協会で経理が不正に処理されていたことも発覚していた。

その後、各ミッションの活動に予算を配分するとなれば、各協会組織がしっかりとした体制の事務局として築かれてなければならないし、地域から信頼されるためにも法人化していることが不可欠だ。それに、各地のサッカーの拠点となるフットボールセンターなどの施設の指定管理者制度も受けやすくなるなど、事業そのものの発展性も広がる。何よりそれが地域のサッカープレーヤーのためになるのだ。

そこで、各協会の事務所と専任の職員を置くことを足がかりに法人化を推進していった。こうして2008年には、47すべての都道府県協会が法人化された。

形骸化していた理念を再構築する

バスケットボール協会の組織改革に際してもサッカー協会と同じ手法で取りかかった。まずは理念だ。ガバナンスの欠如によって、理念は形骸化していた。定款や規約など、いくら立派なものをつくっても、それを履行する人がいなければ意味がない。バスケットボール協会やリーグが何のために存在しているのか、そういうことを本気で考えて組織を運営している当事者が皆無だったと言っていい。

JBAが日本のバスケットボールを統括する団体として信頼を取り戻すためには、理念とビジョンを再確認し、それを実現していくことが重要だ。当然、クラブにも理念をもう一度、しっかり認識してもらう。理念がないところには早急にそれを掲げてもらうよう求めた。

新リーグに参加する意思を示した各チームへのヒアリングは、2015年6月17日から3週間にわたって行われた。その後、2回の入会審査を経て1部18クラブ、2部18クラブ、3部9クラブとすることが決まった。そして、9月15日には、新リーグの名称とロゴマークを発表。チェアマンには、JBAの専務理事兼事務総長の大河が就いた。

大河は元銀行マンで、三菱銀行（現三菱東京UFJ銀行）の支店長になり、将来を嘱望されていた人物で、僕がJリーグのチェアマンだったときに総務部長として出向してもらい、2年ほど一緒に仕事をした仲だ。

大河が中学、高校時代にバスケットボール選手だったことは先に述べたが、Jリーグの経理やクラブライセンス制度の責任者としてリーグの財務管理を経験し、バスケットボールにも精通している人材がいたことは本当にラッキーだった。

自分で会場に足を運ぶ

Jリーグのチェアマン時代、自分でチケットを買って各チームの試合を見に行ったことがある。最寄りの駅からバスに乗ってスタジアムに行き、チケット売り場の状況を見たり、売店で飲み物を買ったり、トイレの様子を確認したりした。熱狂的なサポーターが集うゴール裏の観客席では、多くのサポーターから声をかけられた。「チェアマン、これを着て応援してください」と、ホームチームのユニフォームを渡されたこともある。

彼らと話すことで、スタジアムの不備やクラブに対する不満なども見えてきた。実際に現場に行って見てみると、報告だけでは伝わらないスタッフの気持ちや、試合会場の空気などがよくわかる。

もちろんバスケットボールの試合も、何度か観客として見に行った。ある会場に行って、入場券を買おうとしたが、売り場がどこにあるかわからない。チケット売り場の窓が閉まっていて、聞いてようやく開けてもらうような状態だった。盛岡は結構、盛り上がっていたので、チケット売り場の様子はどうなっているだろうと思って行ってみたら、切符を買い求める人の列がなかったのでがっかりした。

やはり、実際に自分で足を運んでみないと、わからないことが多い。

バスケットボールというスポーツの可能性

サッカーでもそうだが、リーグの盛り上げに女性は大きなカギを握る。ガールフレンドが試合を見たいとなれば男性も来るし、お母さんがバスケ好きの子どもはバスケットボールに興味を持つ。

一度見ればバスケットボールは面白いスポーツであるということがよくわかるはずだ。これまで十数試合見たが、つまらない試合は一つもなかった。たとえダブルスコアになろうが、少々シュートが下手であろうが、退屈などしない。

何はともあれ、点がたくさん入るのが面白い。しかも24秒以内にシュートしなければならないというルールがあるから、攻守が目まぐるしく入れ替わる。速攻の応酬で、ゴール前のシーンの面白さが凝縮されている。

何より、スポーツに全く関心のない女房を連れていったら、「面白い！」と真剣に見ていたのだから。

バスケットボールの観客を見ると、女性や子どもの割合が高い。選手の身内も含まれているのかもしれないが、リーグを盛り上げる原動力となるのは間違いなく、女性ファンだ。

バスケットボールファンのお母さんの子どもは、バスケットボールに興味を持つに違いない。

「バスケットボールは必ず成功する」と僕が公言してはばからない理由の一つはそこにある。競技として純粋に魅力あるスポーツなのだ。ルールなど知らなくても、見たら誰でも惹きつけられる。だから、当事者は自信を持ってその面白さや迫力を伝えることが何より大事だ。バスケットボール関係者が競技の魅力を伝えずして、誰が興味を持ってくれるというのだ。

新リーグの開幕戦は歴史的なイベント

ＦＩＢＡから制裁解除をされ、バスケットボール男子日本代表は２０１５年９月からリオデジャネイロオリンピック予選となるＦＩＢＡ Ａｓｉａ男子バスケットボール選手権大会に挑んだ。

世界ランキング47位の日本（当時）は、準決勝で同31位のフィリピンに敗れ、３位決定戦では同17位のイランに惜敗して４位。ここで本大会への出場権獲得はならなかった。７月に行われるＦＩＢＡ男子オリンピック世界最終予選でグループ１位になれば本大会への切符を手にするはずだったが、残念ながら2戦2敗で終わった。とはいえ、アジアでベスト4になったのは18年ぶりとのこと。一方の女子代表は決勝まで進み、中国に85対50で圧勝し、３大会ぶりのオリンピック出場を決めた。

今後はサッカー同様、Bリーグの誕生によって男子代表も不動の力をつけ、オリンピックやワールドカップにコンスタントに出場するようになってほしい。

思い起こせば、Jリーグは１９９３年5月15日、国立競技場で華々しく開幕した。その舞台裏について少し述べよう。

開幕戦を歴史的なものにしたいと、5月15日の開幕日は国立競技場で、人気のあるチーム同士の1試合だけにしようと考えていた。対戦カードは、当時、人気を誇っていたヴェルディ川崎と横浜マリノスだ。ところがこれについて、ヴェルディとマリノスを除く全クラブの社長から猛反対を食らった。全チーム一斉にスタートするべきだというわけだ。

僕は、ファンの注目を人気チーム同士のゲーム一点に集中させた方が絶対にインパクトがあると主張した。そこで大きな注目を集めれば、翌日、各地で行われる4試合をみんなが高い関心を持って見てくれる。ここは強引に押し切るしかなかった。

もう一つ問題があった。権利の問題だ。

日本初のサッカーのプロリーグが開幕するという歴史的イベントである。儲けようと思えばいくらでもできた。高くてもチケットを買ってくれるファンはたくさんいるだろうし、テレビ中継だって民放なら1億円以上出してくれる局もあった。

だが、採算より、あくまでもみんなにとって歴史的なイベントにしたいと考え、この試合を中立的なものとしてJリーグが買い取ることを考えた。開幕式からチケットの販売、テレビ放送などすべてJリーグが管理する。

そこでホームチームとなるヴェルディの小川一成社長（当時）にその旨を打診した。しかし一方で、万が一、ヴェルディが了承しなかった場合のリスクマネジメントとして、別のカードで開幕を飾るという腹案を立て、翌16日も国立競技場を押さえていた。幸いにも、小川社長はややこしいことは言わない人で、僕の考えを理解し、快く承諾してくれた。

テレビ中継はNHKに話を持ちかけ、放送権は5000万円で売った。将来、Jリーグの人気が低迷したとしてもNHKなら放送してくれるという思いがあったからだ。

全席指定のチケットは、6万枚のうち約4万枚を抽選販売とした。連日のメディアの盛り上げもあって、その4万枚の前売り券に対して、なんと78万人もの応募があった。最高倍率は260倍だ。高くても買ってくれるファンは多いはずだが、この歴史的ゲームを老若男女多くの人々に見てもらおうと、子どもでも見に来られるように1000円のチケットや割安なファミリーボックスなど多様な券種を用意した。そして、そのチケットも、記念として大切に保管してもらえるように、デザインに趣向を凝らし、しかも全部に購入者の名前を印字することにした。

Bリーグの開幕

開幕戦は非常に重要なもので、競技の認知度やその後の盛り上がりを左右する。Bリーグの開幕戦も、ファンにとっても選手にとってもそれは長く心の中に残る特別なものにしたい。キャパシティーとしては1万人以上入るアリーナで、カードは人気チーム同士の対戦にする。バスケットボールでもそれくらいの盛り上げ方をしなければならないと考えていた。

2016年5月24日、Bリーグは、9月22日と23日に東京・代々木競技場でアルバルク東京と琉球ゴールデンキングスのカードで開幕すると発表した。

アルバルクはNBLの年間チャンピオンで過去最高勝率を誇る。片やゴールデンキングスは、bjリーグプレーオフの最多優勝チームだ。大河チェアマンも「開幕にふさわしい好カード。（Jリーグの開幕を）かなり意識した。NBA（米国のプロバスケットボール協会）に負けない演出をしたい」と話している。オープニングゲームとその演出のテーマを「革新的」「サプライズ」「エキサイティング」としており、開幕戦を記念すべきイベントにしようと意気込んでいる。テレビ放送はフジテレビが生中継し、バスケットボール経験者で女優の広瀬アリス・すず姉妹がスペシャルブースター（応援団）として華を添えてくれる。日本バスケットボールの歴史的幕開けを、僕も一ファンとして楽しみにしている。

リーグが発展することで代表チームのレベルが上がる。強い代表チームがバスケットボールファンを増やしていく。いずれクラブからも地域からも有能な選手が続々と送り出されてくるはずだ。

僕が2016年6月で会長を退いた理由

最近、ふと思うのだが、もしも2014年の4月にバスケットボール男子元日本代表監督の小浜元孝さんが訪ねてきていなかったら、バスケットボール界はどうなっていたのだろう。

僕がバスケットボールに関わり始めてから会長になるまで、「自分たちに日本代表の強化を任せてほしい」とか、ある人を会長に推そうとしつこく僕に取り入ってくる人もいた。今の日本代表の強化には外国人指導者がふさわしいと思っているが、古参の人たちは現実を全く見ようとせず、自分たちの権限を守ることに躍起になっていた。

助けてほしいと言ってきた小浜さんでさえも、僕が会長になることが決まると記者会見を開いて「絶対反対」と発言したそうだ。

会長の任期は、2016年6月までとしていた。役員改編にあたり、FIBAからは「モニタリング期間は会長を継続してほしい」と言われたが、新たに会長の定年を設けたのに79歳の僕がいつまでも会長をしているのは良くないと考え、「次の会長は信頼に足る人を見つける、もしものときはいつでもサポートするから」ということで納得してもらった。

こうして、バスケットボールにしがらみがなく、リーダーシップがあり、知名度があって発信力もある三屋裕子さんに会長をお願いすることにし、2016年3月19日の臨時評議員会で三屋副会長の会長昇格を内定した。バスケットボール出身者を推す声は依然としてあり、三屋さんを推薦した際も手を挙げなかった人が何人かいた。みんなでバスケットボールを盛り上げて発展させようと、FIBAをはじめ各競技の関係者が応援しているというのに、人事や自分の処遇ばかりに気を取られている人がいたのは残念だった。それでも、バスケットボール界を本気で変えようと思ってくれた人がいて組織は大きく様変わりした。

記者会見では、新会長人事は全体の「85%くらいの賛成」があったという内情を明かした上で「バスケット界を発展させ、ガバナンスをきちんとするという重責を担っていけることが一番の条件。院政を敷いて、いざというときに出ていけるようにしたい」と述べた。もちろん、三屋会長なら本来「院政を敷く」必要は全くないのだが、僕ならではの言葉を入れることでメディアが取り上げてくれることを狙って発言した。

6月からは三屋新会長のもとでバスケットボール界が健全な組織として運営されるようになる。Bリーグクラブのオーナーの中にもクラブ経営に精通し、将来のバスケットボール界を背負って立てる有望な人材が何人もいる。

彼らが活躍できるような基盤固めはしっかりやったつもりだ。ガバナンスや育成・強化といったところを堅実にやっていけば、バスケットボールの未来は必ず明るいものになると確信している。

第4章 リーダーは独裁者たれ

人生の恩師・吉岡たすく先生

僕には「人生の師」と仰ぐ恩師が二人いる。一人は日本代表のときに指導を受けたデットマール・クラマーさんで、もう一人が、高石小学校（大阪府）の4年生のときに赴任してきた吉岡たすく先生だ。

吉岡先生はそのとき既に劇作家や児童文化研究家として知られていた。着任すると、読み書きがしっかりできる子どもを10人ほど選んでNHKのラジオ放送劇に出演させた。メンバーに入った僕はすっかり有頂天になり、5年生になると、先生が立ち上げた演劇部に入った。

終戦直後の貧しかった時代、先生は演じる楽しさを通じて僕たちに夢を見させてくれた。吉岡先生は、脚本、演出、衣装、メークと一人何役もこなし、自ら劇に出演することもあった。

放課後に早口言葉を練習したり、寸劇をつくって演じたり。いつも一緒で、吉岡先生を父親のように慕っていた。先生は、「将来は役者になれ」とは決して言わず、「自分の人生は自分でしっかり考えなさい」と口癖のように言っていた。

吉岡先生は、権威やお金に屈することも、功名心に逸《はや》るところも一切なかった。ある映画の出演の話があったときなど、教育上、問題があると言って頑なに断り続けた。また、NHKの入り口で、「下駄を履いている子は入れられない」と守衛さんに足止めを食らったときも、先生は「見た目で差別するとは何ごとか！」と激高し、出演を拒否した。NHKの関係者が平謝りをして事なきを得たが、常に子どものことを優先して考える先生だった。

学校の学芸会で演じた『幕引き少年』という先生の作品も忘れがたい。「劇の幕を引く人が一番大事。さっと引けばいいわけではなく、心を込めて幕を引かなければならない」。縁の下の力持ちは大切にしなければいけないというメッセージが伝わるもので、それを聞いて「自分も幕引きになりたい」と思った記憶がある。

先生の指導は決して教え込むものではなく、あくまでも子どもたちに考えさせるものだった。僕たちは演劇活動を通じて人間としてのあるべき姿を学んだ。

初めて将来の夢を持ったのもこの頃だ。

当時のNHK放送劇は、劇中のBGMや場面が変わるときの間奏曲をオーケストラが生で演奏していて、タクトを振る指揮者の姿に憧れ、「将来は指揮者になる」という夢を抱いた。

しかし、これは単なる憧れで終わった。ところが、後に演劇部で一緒にやっていた友だちが本当にプロの指揮者になったと聞いたとき、驚きと同時に大きなショックを受けた。彼もあのとき、同じように指揮者になるという夢を描いたに違いなく、それを実現させようと挑戦してきたのだ。行動を起こさず、夢を夢に終わらせた僕とは全く違っていた。

衝撃を受けたドイツのスポーツシューレ

初めて目標らしい目標を持ったのは浪人時代だ。

あの頃、何を考えていたのだろうと自分でも不思議に思うのだが、浪人にもかかわらず、勉強もせずに母校の三国丘高校に行っては、後輩たちに交じってサッカー三昧の日々を送っていた。あるとき、三国丘OBチームで出場した都市対抗サッカーの大阪予選で、ベルリンオリンピック代表の川本泰三さん（早稲田大学）や賀川太郎さん、岩谷俊夫さんら新旧日本代表を擁する大阪クラブと対戦した。0−1で敗戦したが、僕はこのとき絶好調で「これなら代表になれるかもしれない」と思った。その後、先輩の福井浩さんが川本さんに推薦してくれて、早稲田大学に入学。そこで「日本代表としてオリンピックに出たい」

という目標を持ったのである。

大学4年生だった1960年の夏、僕は日本代表の一員としてヨーロッパ遠征に参加した。そのとき訪れたデュイスブルク（当時、西ドイツ）で、僕はそのスポーツ環境の素晴らしさに圧倒された。

僕らが合宿したところはスポーツシューレ（スポーツの学校）と言われる施設で、日本で言うナショナルトレーニングセンターだ。そこでは、代表チームをはじめ、少年チームなど様々なチームが合宿をしたり、審判員や指導者、クラブスタッフの研修や会議なども行われている。僕らが行ったときも、200人くらいの少年チームが合宿に来ていて、日本代表の練習を興味深そうに見ていた。当時の日本は、芝生のグラウンドなどほとんどなく、日本代表でさえも土のグラウンドで練習していた。トレーニングが終わって熱いシャワーを浴びるクラブハウスなどなく、土まみれ汗まみれで近くの銭湯に駆け込み、嫌がられたものだ。

デュイスブルクのシューレは、その広大な敷地の中央に青々とした芝生のグラウンドが8面もあり、それが白樺の木々で囲まれていた。体育館が3棟に宿泊所、200人も座れる食堂もあり、清潔そのものだった。体育館で足の不自由な人たちがバレーボールのような競技を楽しんでいるのを見たときは大きな衝撃を受けた。それがシッティングバレーを見た最初だったのだが、障がい者がスポーツをするなど当時の日本では考えられなかったことで、「ドイツに生まれた人は幸せだ」と心底思った。

「こんな環境を日本に求めるのは100年経っても無理だ」

スポーツシューレのような施設を日本につくりたい、と思うことすらはばかられるほどの彼我の差だった。

Jリーグ立ち上げの成功要因

ところが、それから28年後、サッカーのプロ化の議論が本格化する。

ヨーロッパで実際に体験し、心に留めていた「地域に根ざしたスポーツクラブ」を日本に実現させるチャンスが巡ってきたのだ。

新しいことを始めるときはどこにでも反対勢力はあるものだ。

1989年、第2次JSL活性化委員会の第8回会議で「プロリーグ設立」の結論がもたらされたときは、JSLの評議員を務める各企業の役員からは、猛反対というよりもほとんど無視に近い扱いを受けた。

そこで、議論の場をＪＳＬから、親会社の干渉が届かないＪＦＡに移すことにした。「プロリーグ検討委員会」と銘打ったことも功を奏した。反対する評議員に対して、「プロ化を検討しているだけなんだからいいじゃないですか」と突っぱねることができたからだ。そして、当時、副会長だった長沼健さんらの計らいで、理事会に諮ってもらった上で、協会内に「プロリーグ準備検討委員会」を設置するところまでこぎつけたのである。

今思えば、ＪＳＬからＪＦＡに議論の場を移したことがＪリーグを立ち上げられた最大の成功要因だったと言える。

時代も味方してくれた。当時は、バブル経済の絶頂期で、企業の社会貢献が盛んに謳われており、自治体の財源にも余裕があったのだ。Ｊリーグが開幕した１９９３年には既にバブル景気が終焉を迎えていたから、もし、プロ化に着手するのが１、２年、遅れていたらどうなっていたか。景気が低迷していく中で、「クラブの法人化は無理」「１万５０００人収容可能なスタジアムは無理」と、参加条件のハードルを下げてしまい、Ｊリーグは今とは違ったプロリーグになっていたかもしれない。サッカーのプロ化はまさに、神のみぞ知るタイミングで実現できたのだった。

このように、たとえ不可能だと思ったことも、いつか叶えられることがあるのだ。そのときのために見聞を広げ、感受性を養い、備えておく。そして、チャンスが巡ってきたときには速やかに行動に移す。自信と確信を持って。

リーダーには理論武装が必要

リーダーは、自らの考えをきちんと説明し、納得してもらうための説得力を持たなければならない。そのために理論武装をしておくことが必要だ。理屈を並べ立てるだけではダメで、多くの人々が納得する根拠を示さなければならない。

理論武装と言えば、読売新聞の渡邉社長（当時）との論争なくしては語れない。ヴェルディが全盛を誇っていた1994年、優勝祝賀会の席で渡邉さんが「企業がサポートしているからこそスポーツ界は成り立っているのであって、どこかの〝独裁者〟の〝空疎な理念〟ではスポーツは育たない」と発言した。

渡邉さんと言えば、日本で最大の発行部数を誇る大新聞社のトップで、読売グループの総帥。その渡邉さんにしてみれば、こちらは若造に過ぎない。この巨大な論敵に怖気づかなかったと言えば嘘になる。しかし、僕は渡邉さんの攻撃に挑んだ。なぜなら揺るぎない信念があったからだ。

その信念の源泉は自分自身の実体験にある。

先にも述べたが、日本代表として行ったヨーロッパ遠征で初めて先進国のスポーツ文化を目の当たりにした。そこで、「スポーツが人々の生活の一部とならない限り、日本のスポーツが世界レベルに到達するのは不可能」という考えを持った。理想とするモデルを実際に体験したことで、Ｊリーグの目指す姿を説明するのに具体性と説得力を持たせることができたのだ。

そして、渡邉さんがＪリーグの考えを否定する度に、それに対する理論をしっかり固め、論戦に臨んだ。僕自身もその中でどんどん鍛えられていった。そして渡邉さんがＪリーグを批判すればするほど、Ｊリーグの理念が世間にわかりやすく発信されていったのである。

あの頃は、渡邉さんが僕を批判する度に「勘弁してくれよ」と恨めしく思ったが、今となっては、渡邉さんはＪリーグにとって恩人だと心から感謝している。あれから十数年後、古希の祝いの会に渡邉さんから色紙が送られてきた。そこには、「サッカーと野球で青少年の精神向上に頑張りましょう」と書かれていた。渡邉さんも、「地域密着」というＪリーグの理念を理解してくれたのだと心から嬉しく思った。

バスケットボールを改革する上でも「渡邉さんのような人がいたらもっと世間の関心を

引くのだが」と思ったが、残念ながら、渡邉さんほどの存在感のある論敵は出てこなかった。

インパクトのある言葉で「発信力」を持たせる

もう一つ、大切なのは発信力だ。僕は常にこれを意識している。

極端な物言いをしていることは自覚している。

Jリーグのチェアマン時代も「高校サッカーでは世界レベルの選手が育たない。土のグラウンド、しかもそのグラウンドの4分の1しか使えないのに、100人もの選手がひしめき合って練習しているようでは無理だ」と言い、指導者の反感を買ったことがある。しかし、同じ話を「高校サッカーは練習環境の悪い中でも指導者の努力によって良い選手を輩出している。しかし、芝生のグラウンドなら、もっと効率よく良い選手を育てられるのだが……」などと指導者に遠慮して発言した場合、その主旨は曖昧になってしまう。

バスケットボールのタスクフォースのチェアマンに就任したときは、マスコミを意識して「コペルニクス的転回」という一語で改革の意志を示した。

また、あるテレビ番組に出演して、制裁解除の可能性について聞かれたときも、「必ず、リオデジャネイロオリンピック予選に間に合う」と断言した。周りからは「すごい自信ですね」と言われたが、経験に基づく根拠もあったし、成功までの道筋を自分なりに考えて可能性を見出していたので、自信を持って発言できた。

言葉に発信力を持たせるには、まず訴えるべきことをインパクトのある言葉で示し、具体的な説明はその後にする。

すると、その最初の言葉で全容が思い出されるようになる。漠然とした長い説明だと時間が経つにつれて印象が薄れていくもので、短い言葉で印象づけることで、その言葉が多くの人の脳裏に刻まれ、継続した思考や努力につながっていく。

マスコミは良くも悪くも僕の発言にある種の期待感を持って取材を求めてくるが、実は、前もって「こう言おう」と準備したことはほとんどない。我ながら「よくこんな言葉が出てきたな」と思うことがよくあるが、それは、常にいろいろなことを考え、見聞きしているから、ここぞというときに象徴的な言葉が出てくるのだと思う。

三浦知良をはじめ、本田圭佑、長友佑都ら現役選手も示唆に富んだ発言をしていて感心するのだが、それは、彼らが日頃からサッカーのことを真剣に考えているからにほかならない。それはピッチ上のことだけではない。自分が進歩するためにどうすべきか、人との関係、世界の潮流、サッカー以外の社会の動きなどあらゆる事象を踏まえ、360度の角度でモノを考えているからこそ、脳が活性化し、それが的確な言葉になって表れるのだ。

古河電工の監督時代に学んだこと

表現の重要性は、監督時代の失敗から学んだことでもある。

古河電工サッカー部の監督になって間もなく、大切な試合の直前ミーティングで、「今日は負けてもいいからいい試合をしてほしい」と言った。硬くならずに試合に臨んでもらいたいと思って言った言葉なのだが、それが裏目に出て負けた。後で選手から「あのとき川淵さんに〝負けてもいい〟なんて言われたから、張り切っていた気持ちが折れてみんながっくりきましたよ」と言われた。

チームは勝つために一丸となって厳しいトレーニングをしてきた。そして、「今日は絶対に勝つぞ」と気合十分でいたのに、監督の僕が曖昧な指示を出し、選手たちの気持ちに水をさしてしまったのだ。

リーダーというのは、何があっても、「負けてもいいから」とは決して言ってはならない。最初から最後まで一貫して「絶対できる」と言い続けることが重要だ。常に成功を確信していること、また、是々非々をはっきりさせることもリーダーの務めだと思う。

日本代表時代、合宿所の千葉の検見川グラウンドで、クラマーさんはロングボールの指示を出すときによく「横浜まで蹴れ！」と言っていた。それは今でもよく思い出す言葉だ。

指導をする上で言葉は非常に重要だ。いかに選手の心に訴える言葉を発するか。ここぞというときには、フォローする部分を完全に打ち消し、大胆に言い切る勇気が必要だ。

与えられた人材を生かすためにどうすべきか

今の選手は、左右どちらの足でも正確にボールを蹴る技術を持っているが、僕らの時代は、右足は上手いが、左足はからっきしダメというような選手が珍しくなかった。こういう選手が敵に囲まれて利き足で蹴れない状況になると、逆の足でボールをポーンと前に蹴り出すことしかできなくなってしまう。

そこで「なぜ正確なパスを出さないんだ！」とその選手を責めても仕方がない。それよりも、その選手の特徴や癖を把握し、周囲がどう動くべきか、あらかじめ対策を立てておくことが大事だ。

サッカーはパスの出し手と受け手の連係が不可欠だ。ましてや、瞬時の判断力やスピード、プレーの質の高さが要求される現代サッカーにおいて、チームのコミュニケーションは、欠くことができない重要なカギを握っている。

サッカーでもビジネスでも、高い能力を持った人間だけをチームに揃えることは難しい。それに、自分が使いやすい者ばかりを集めたとしても機能するとは限らない。リーダーは、それぞれ個々のレベル差を乗り越え、多様な人間を一つの組織として束ねなければならない。それには、ある種の包容力が必要だろう。えり好みをせず、与えられた人材を最大限に生かして成果を挙げることが、トップに課せられた責任でもあり、醍醐味でもある。

「観察力」を養う近道

組織のコミュニケーションを円滑にするのに不可欠な要素は何か。僕は、一番大事なのは「観察力」だと思っている。

観察力を養う近道は、毎日、部下の動静をつぶさに見ることだ。

普段の態度を見ていれば小さな変化もおのずとわかるようになってくるし、組織の異変を察知する能力も磨かれる。部下の表情や態度に変化があるときは必ず声掛けをする。それができていれば困難に陥ったときに解決策を見出せるものだ。部下の変化を簡単に見過ごしてしまうような上司では信頼も得られないし、リーダーは務まらない。

また、優れたリーダーは、部下の心の機微や好調なときのイメージを覚えておかなければならない。それがあれば、ここぞというときに「あのとき、できたのだから今度も大丈夫だ」と伝えることができるからだ。

具体的な例を出して励まされれば、部下は「見ていてくれていたんだ」と安心できるし、やる気も湧いてくるだろう。そういう些細なやりとりが上司と部下の関係を良好に保つ。何気ない一言で部下が業務に励むようになれば、組織にも活気が出てくる。

但し、これもやりすぎたら逆効果になってしまう。ましてや「観察」が「監視」になったら、元も子もない。見ていないようで見ている、近いようで遠い、遠いようで近い、絶妙の距離感で把握していることが重要だ。

これは、監督をしているときに覚えたやり方だ。

選手はほかの選手にポジションを奪われたくないから、調子が悪くても、また、プライベートで問題を抱えていたとしても、自分から練習を休むとは言わない。そこをちゃんと監督として見極める必要がある。それを見逃すと、その些細なことがチーム全体に大きな影響を及ぼす場合もあるからだ。

どの組織でも程度の差はあれ、同じようなケースはあるだろう。上司が日々気を配り、部下の異変を察知し、適切な処置を施さなければならない。それには「観察力」が欠かせない。

「気づき」を与えるクラマーさんの指導法

僕のもう一人の恩師、「日本サッカーの父」と言われたクラマーさんは、サッカーの技術指導にとどまらず、スポーツマンとしての姿勢やコーチングのあるべき形というものを教えてくれた「指導者の中の指導者」だった。指導法も理論と実践を同時に示してくれ、極めて具体的。また、観察眼を持ち、選手に気づきを与えてくれる人でもあった。

僕は「サボロー」とあだ名されるくらいサボり癖があり、時々クラマーさんの目を盗んでは手を抜いていた。例えば、ジャックナイフ（腹筋を鍛えるジャンプ運動）を10回やるというトレーニングで、クラマーさんの目を盗んで最後までやらずに終えると「ミスターカワブチは9回しかやっていないぞ」と、後ろにも目がついているんじゃないかと思うほど的確に指摘された。また、「100％の力を出していないと「ミスターカワブチには休むための椅子が必要だね」と、実に巧妙な切り口で突いてくる。

こんなこともあった。ムルデカ大会（マレーシアで開催される国際大会）で熱を出したとき、クラマーさんに冷たいものは口にするなと言われていたにもかかわらず、チームメイトに厨房から氷を取ってきてもらった。それを口に入れた途端、絶妙のタイミングでクラマーさんが部屋に入ってきた。「熱はどうだ」と聞かれ、口を開けられずにモグモグしていると、「氷はこの一つでやめとけよ」と、実に悲しそうな表情を見せた。大声で怒鳴られるよりもこたえた。

頭ごなしに怒るのではなく、選手に「気づき」を与えるクラマーさんの指導法は、後に自分が監督になったときに手本にさせてもらった。

やるべきことには手を抜かない

クラマーさんはまた、自分自身にも厳しい人だった。1960年の夏にデュイスブルクで初めて会ったときはドイツ語しか話さなかったのに、その4カ月後に初来日したときは英語で指導した。さらに「武士道」や「大和魂」、それに「残心」という武道用語まで知っていたのにも驚かされた。

国内合宿では日本サッカー協会が用意したホテルを使わず、選手と共に安旅館での生活を選んだ。慣れない布団や日本食にも嫌な顔一つしなかった。協会側は、さすがに長期間、畳の生活は無理だと説得し、ベッドを用意した。

1961年の海外遠征で、マレーシアから西ドイツに行く機中でクラマーさんが発熱していたことがあった。現地に到着し、トレーニングは中止だろうとのんびり準備体操をしていると、クラマーさんは真夏なのに防寒着を着、熱で真っ赤な顔をして「Good Afternoon!」と言って登場したのだ。「この人には勝てない」、このときばかりは観念した。

やるべきことは必ずやる、決して手抜きはしない。そうやってクラマーさんは選手全員の信頼を勝ち取っていった。

サッカー先進国から来たクラマーさんにとって、当時の日本代表はアジアの弱小国で、ドイツ代表と比べたら大人と子どもほどの差があったと思う。しかし、そんな選手をいつも「ジェントルマン！」と呼びかけ、一人前の紳士として扱ってくれた。

指導者としての第一の目標はフェアプレー

クラマーさんはまた、選手に「フェアプレー」を徹底させた。

「指導者の目標は、一番目にフェアプレー、二番目に良い試合をすること、三番目に勝つこと。この三つが揃って初めて指導者として満足できる」と言っていた。日本サッカーはこれまで多くのフェアプレー賞を受賞しているが、クラマーさんの教えが脈々と受け継がれているのだと思う。

東京オリンピックで優勝候補のアルゼンチンを破ったとき、ロッカールームは多くの関係者の歓声で沸き上がっていた。そこに現れたクラマーさんは人々に外に出てもらい、選手に向かってこう言った。

「今日、君たちには新しい友人がたくさんできるだろう。その人たちと大いに喜びを分かち合いなさい。しかし、今一番友人を必要としているのはアルゼンチンの選手たちだ。私はアルゼンチンのロッカールームに行ってくる」

そう言って出ていってしまった。そのときは、「何を言っているんだろう?」とクラマーさんの真意がつかめなかった。

次の試合のチェコスロバキア戦で日本は0－4で大敗した。アルゼンチン戦とは対照的にロッカールームは閑散としていた。

そのとき、クラマーさんは再び選手を集めて言った。

「これまでの君たちの努力は私が一番知っている。今日はサッカーのことは忘れよう。人生はサッカーがすべてではない。今日、君たちのところに来る友人は、数は少ないだろう。しかし、その友人こそが本当の友だちだ」

そう言われて、アルゼンチン戦の後にクラマーさんが話したことがようやく理解できた。

Jリーグが好調のとき、クラブの経営危機のとき、ワールドカップで惨敗したとき、いつもこの言葉を思い出して自分を戒めたり、勇気づけたりすることができた。そして、クラマーさんのように人を思いやれる人間になりたいと思った。

初めての外国人監督ハンス・オフト

「失われた20年」と言われる不況の中で日本サッカーは急成長を遂げた。1993年に10クラブでスタートしたJリーグは23年で53クラブにまで増えた。JFAとJリーグ、それにJ1、J2の40クラブだけでも市場規模は1100億円を超え、産業が育ちにくい地方都市で活気や雇用を生んでいる。

50年近く前の日本サッカーは本当にアジアの弱小国で、国際試合では負けてばかりだった。しかも相手は州代表やアマチュア選抜といったBクラス、Cクラスのチーム。それが今ではアジアトップクラスに位置している。

各地でサッカーに励む現代の少年選手たちも、本田圭佑や宇佐美貴史ら日本代表たちに憧れ、そのプレーを真似てボールコントロールやテクニックを身につけていく。この20年間の少年たちのボール扱いを見ると、50年前の日本代表よりも遥かに上手い。

一握りの選手だけを集めて強化していた当時の日本サッカーは、土台が狭い、言わば「小さな東京スカイツリー型」。それに対して今は、底辺が広く、高さもある「ピラミッド型」になっている。まさに、隔世の感がある。

1992年に日本が初めて招聘したプロの外国人監督が、オランダ人のハンス・オフトだ。

それまでは、代表監督を協会が雇ったことはなかった。JSLのチームにめぼしい人物がいたら、母体の企業にお願いし、了承した企業が関連会社に出向させるような形で協会に派遣してもらっていた。給料も企業持ちだった。だから、成績が振るわなくてもなかなか辞めてくれとは言えなかった。

1990年のアジア競技大会でラモス瑠偉と三浦知良が代表入りした。プロ経験のある二人は、「ユニフォームに日の丸をつけてほしい」「アマチュア選手にも代表手当を出してほしい」など、協会に対して様々な要求を出してきた。

当時JFAの強化委員長を務めていた僕は、「アマチュアの監督ではプロ選手を束ねるのに限界がある」と悟り、JSLのヤマハやマツダで実績を残したオフトを代表監督に抜擢した。

オフトは選手に規律を徹底させる一方で、「アイコンタクト」や「トライアングル」といった言葉を用いてチームとしての戦い方を示した。

日本はその年、中国、韓国、北朝鮮が参加したダイナスティカップ優勝に続いて、AFCアジアカップを初制覇。翌年のワールドカップアジア1次予選も順調に勝ち進み、最終予選へと駒を進めた。初戦のサウジアラビア戦はスコアレスドローで、第2戦のイランには1−2で敗れてしまうが、続く北朝鮮戦と韓国戦に勝って望みをつないだ。そして迎えたイラクとの最終戦、勝てば初のワールドカップ出場を果たす試合で日本はアディショナルタイムで同点とされ、手にしかけた本大会行きの切符を逃してしまった。

「ドーハの悲劇」として今も語り継がれている一戦だが、このアジア予選を境にFIFAワールドカップは手の届かない「夢」ではなく「明確な目標」になった。

大事な用件は、直接面会して伝える

もちろん、オフト一人の力だけで日本が強くなったとは思っていない。だが、日本をワールドカップにぐっと近づけた立役者でもあったことから、僕自身は「あと4年間、オフトでいこう」と思っていた。ところが、当時、技術委員を務めていたセルジオ越後が「負けたのは監督としてワールドカップに出た経験がなかったから」と発言した。

僕はセルジオの意見を聞き、アジア予選の北朝鮮戦での彼の采配を振り返ってみた。

あのときオフトは、絶好調だった北澤豪を使わずに、明らかに不調だった福田正博を試合に出した。首をひねらざるを得ない起用で、チームの主力だったラモス瑠偉も明らかに不信感を持ったようだった。もしかしたらオフトも、ワールドカップの舞台に初めて行けるのではないかということで舞い上がってしまい、冷静な判断を下せなかったのではないか。そう考えるとセルジオの意見はあながち間違っていないと思った。僕は最終的に監督交代を決断した。

オフトには直接僕から伝えることにした。

というのは、サラリーマン時代の苦い思い出があるからだ。

古河電工の名古屋支店の金属営業部部長として仕事に打ち込んでいたある日のことだ。

ゴールデンウイークの中日に休みを取って自宅でくつろいでいたところに、支店長から「大事な話があるから会社に来てくれないか」と電話がかかってきた。僕は「電話で構わないから教えてほしい」と言った。自動車産業が飛躍的に伸びていたときで、僕の営業成績もぐんぐん伸びていた。だから、営業部長あたりで本社に戻れると思い込んでいた。そして、ゆくゆくは取締役くらいにはなれるだろうと。

ところが、そこで伝えられたのは子会社への出向だった。女房が「心臓を引っこ抜かれたみたいな顔をしていた」と言う通り、口もきけないほどのショックを受けた。というのも、そのとき僕は51歳。年齢を考えれば、もう本社には戻れない。「サラリーマン人生の先が見えた」ことに茫然自失した。

「左遷」の落胆もさることながら、今でも納得できないことがある。それは、この人事異動を決めたのは支店長でなく本社の事業本部長で、その本部長から異動を告げられなかったことだ。その後、重要な全支店会議に出たときも、普段はあり得ないことだが本部長は欠席していたし、本部長から食事に誘われて出かけていったときも、本部長一人ではなく、ほかの部長らがいる複数の会食だった。結局、本部長は最後まで僕と「差し」で話すことはなかった。

そのとき僕は、「上司は、辛い話こそ面と向かって誠意を持って伝えなければならない」ということを学んだ。

オフトとは、通訳もつけずに二人だけで会った。

ダイナスティカップで日本を優勝に導き、アジアカップで初優勝するなど、これまでの記録を塗り替えた功労者だ。ワールドカップ出場を逃したとはいえ、続投だと思うのは当たり前だと思う。

そのとき、オフトは次の練習の予定を話そうとしていた。僕はそれを遮り、「契約は更新しない」と言った。すると、オフトは即座に「いや、僕も辞めようと思っていた」と即答したのだ。

「なぜだ」と疑問を呈することも、自分の功績を挙げ連ねることも一切しなかった。プロの監督の取る態度とはこういうものかといたく感服した。

成績不振や問題が起こったときに、言い訳ばかりして、地位に恋々とする為政者や経営者の姿をよくテレビで目にするが、それを放置してしまうと、トップの老化と共に組織の弱体化が進んでいく。そういう意味からしても、組織のために自分のクビを切れる人間しかトップに就いてはならないとも言えるだろう。

岡田武史に見るリーダーシップ

リーダーとしての存在を自らの言葉と行動で示す。その好例が岡田武史だ。

1993年の「ドーハの悲劇」の後、加茂周監督が日本代表の指揮を執った。ワールドカップ初出場の責務を負った加茂監督は1997年9月7日のアジア最終予選初戦、国立競技場で行われたウズベキスタン戦を6－3で快勝した。

ところが、アウェイでアラブ首長国連邦（UAE）と引き分け、ホームで韓国に1－2で敗れた。加茂監督の「ゾーンプレス」は対戦相手に研究され、ロングボールを多用されて苦しんでいた。

韓国に逆転負けした試合後、大仁邦彌技術委員長（現名誉会長）と副委員長だった今西和男が、監督交代を検討するよう進言してきた。長沼健会長、岡野俊一郎副会長（いずれも当時）と相談したが、カザフスタン、ウズベキスタンとアウェイで2試合続き、新しい監督を招聘するにはビザ取得が間に合わない。それでこの時点では、試合の推移を見守ることになった。

10月4日のカザフスタン戦はリードしていたが、アディショナルタイムに追いつかれて1－1の引き分けに終わった。

試合後、再び大仁が監督を替えてほしいと言ってきたので、ホテルで急きょ長沼さんと会談し、加茂監督を更迭、後任に岡田コーチを据えることを決定した。

岡田コーチは加茂監督のもとでは、監督の意向もあって選手たちの兄貴分のような役割を担っていた。それが、いきなり監督になるのである。焦眉の急を告げる事態に、岡田は選手たちに対してどういう行動を取ったか。

僕が驚いたのは、主力だった中田英寿を紅白戦でいきなりBチームに落としたことだ。また、練習中に隣の選手と私語を交わしていたGKの川口能活を見て、「ヨシカツ、黙れ！」と激しい口調で注意した。そして、選手全員に「自分の荷物は自分で持つこと」「練習中は私語を慎むこと」「練習では手を抜かず、全力を尽くすこと」の三つを約束させた。コーチのときから岡田なりに問題意識を持ち、「自分ならこうする」と温めてきたものがあったのだと思う。

それまでは、選手から「岡ちゃん」と親しみを込めて呼ばれていたコーチが、毅然とした態度を示すことによってカリスマ性を身につけ、「監督」になった。岡田には一日でリーダーに変身できる能力があったのだ。こうして彼は、チームを初のワールドカップの舞台に導いたのである。

「ワールドカップでベスト4」の真意

また、イビチャ・オシム監督が脳梗塞に倒れて再び指揮を執ったときは、岡田は「ワールドカップでベスト4を目指す」と公言した。

「ベスト4になんかなれるわけがない」、ほとんどの選手はそう思っただろう。だが岡田監督がキャンプの度に「我々にはその可能性がある」「全員が一枚岩になれば達成できる」と言い続けた。そうしていくうちに選手も「できるかもしれない」と思い、考え、努力するようになっていったのだ。

「ベスト4」は選手を鼓舞するために思いつきで言った目標ではない。2002年のワールドカップで日本と実力伯仲の韓国がベスト4に入ったこと、日本も遠藤保仁や小野伸二、高原直泰らがユース時代にFIFAワールドユース選手権（現FIFA U−20ワールドカップ）で準優勝していることなどが、「ベスト4」を掲げる根拠になったのだ。

通常、日本くらいのレベルだと、「予選リーグ突破」というのが最も現実的なところで、設定しやすい目標でもある。だが、「予選リーグ突破」という最低限の目標では、普段の努力もその程度のレベルになってしまう。つまり、岡田は、「相当な努力が必要だが、何とか達成できるかもしれない」という、手が届くか届かないくらいの目標を設定したわけだ。

安易な目標設定をして、それなりの努力、あるいは努力しなくてもそのときの運や巡り合わせで達成してしまうようでは意味がない。そこがリーダーとしての能力が一番問われるところだと思う。

チームは生き物であり、何がきっかけで成功や失敗に傾くかはわからない。求められるリーダー像も、メンバーの資質や組織の成熟度によって変わってくるため、一概にどういうタイプが監督としてふさわしいかは断言できない。ただ一つ言えるのは、監督は常に自信を持って選手を導き、その方向性に沿って選手が全力を尽くすべきだということ。それがあって初めてもうワンランク上のステージに進めるのだ。

ジーコは、なぜ日本代表監督を引き受けたか

2002年のFIFAワールドカップが終わって会長に就いた僕は、2006年ワールドカップに向けた体制づくりに着手した。大仁技術委員長に次の代表監督をどう考えているのかと聞くと、セネガル代表監督のブルーノ・メツと元フランス代表監督のエメ・ジャケ、アーセナル（イングランド）監督のアーセン・ベンゲルといった名前が挙がった。

ベンゲルは既に世界的な名将となり、招聘するにはコーチなどを入れて総額で10億円は必要で、条件面で折り合わないことはわかっていた。ジャケも無理だと思った。だから、受けるわけはないと思いながらも、メディアなどで待望論が挙がっていたジーコを「一応、リストに入れておけよ」と大仁に指示しておいた。

ジーコは鹿島アントラーズ時代から、監督という仕事に就くことに否定的な見解を示していた。それに、ブラジルにサッカークラブを持ち、アントラーズのアドバイザーも務めていて、その仕事に手一杯だという話だった。

ところが、非公式に接触したところ、意外にもジーコは関心を示したという。

翻意した理由は、ワールドカップの決勝トーナメント1回戦のトルコ戦でのフィリップ・トルシエの采配に相当不満があったからということだった。トルコ戦であんな負け方をしなければ、ジーコは代表監督を引き受けなかったのかもしれない。

ジーコの魅力は、経験とその闘争心だった。「指示待ち族」と言われた日本の選手に勝利のメンタリティーを植え付けてくれるのではないかと思ったからだ。また、その経験と彼のネームバリューによって、強化試合などで南米やヨーロッパなど強いチームと組める期待も持てる。

こうして2002年7月、ジーコジャパンが発足した。

ジーコが監督に就任してから最初に話したのは、解任のタイミングのことだった。「ダメだと思ったときは辞めてもらうから」と言うと、ジーコも「自分からちゃんと言うから」と言っていた。

「解任」が頭をよぎったのは一度だけ。アジア1次予選のシンガポール戦、先制をした日本が後半18分に1点を返され、同点のまま時間が流れたときのことだ。幸い、37分に藤田俊哉が勝ち越しゴールを決め、事なきを得た。

最終予選でも、2戦目のイラン戦を落としたときに、「もしかしたら」という不安がよぎった。しかし、それも杞憂に終わり、日本は5勝1敗で2006年のドイツワールドカップ出場を果たした。

常に最悪の事態を想定する

日本代表がワールドカップに出場できないという事態は何としても避けたいところだが、僕は常に、そのときのことを想定していた。具体的にどんな負の連鎖が起こるのか、事務局に精査させもした。

日本代表が予選で敗退すれば、サッカー界は、次にワールドカップが開催されるまでの5年間、非常に厳しい状況に置かれる。日本代表をはじめ、サッカーへの関心度は低下し、JFAやJリーグの収入は激減するだろう。収入がどれだけ落ちるのか、そのときどう対応し、どの事業の予算を削るかといったことを絶えずシミュレーションしていた。

また、万が一、甚大な災害が発生したときはどう対応するのか。その場合、国内リーグの中止はやむを得ないことで、リーグ戦を中断して復旧に手を尽くす。一方の代表チームは、海外でプレーする選手が増えつつあったことから、何とかチーム自体は維持できると踏み、もしそうなっても国際舞台から隔絶した状態になることは避けられるとも思っていた。

リーダーは、常に部下とは異なる目線を持っておくべきだ。物事がうまく進んでいるときには、部下にはひたすら前進させる。部下に自信を持たせて良いムードをつくるのもリーダーの役目と言えるだろう。

しかし、その好調はいつまでも続くものではない。常に最悪の事態に備えておけば、万が一のときも冷静に、そして速やかに事態の収束を図ることができる。

Jリーグブームに沸いたクラブ経営者も、バスケットボール協会の元幹部も、最悪の事態に備えておけば、経営危機や国際資格停止処分など手痛い目に遭わずに済んだのかもしれない。

もし失敗した場合は、速やかにその経験を次に生かせばいい。今回のバスケットボール界の組織改革は、それがうまくいった例と言えるだろう。

「次の監督はオシム」発言の真意

ジーコ監督率いる日本代表は世界最速で本大会出場を決め、その人気は高まるばかりだった。中田英寿、稲本潤一、小野伸二、宮本恒靖ら黄金世代が名を連ねるチームは「日本史上最強のメンバー」と言われ、大きな期待を背負って世界のひのき舞台に立った。

ところが初戦のオーストラリア戦、日本はリードしながらも残り6分間で3点立て続けに失点し、逆転負けを喫してしまう。

手痛い敗戦だった。それによって選手たちの気持ちがバラバラになり、チームは瓦解。次のクロアチア戦は意地を見せて引き分けに持ち込んだが、3戦目のブラジル戦を1－4で落とし、1勝もできずにワールドカップを後にした。

ジーコはチームとしての帰国会見は行わない意思を示したが、僕は会長として、多くのファンの期待を裏切ってしまったことを率直に謝りたいと思っていた。

だから、日本戦に応援に来てくれたチョン・モンジュン韓国サッカー協会会長への返礼として、高円宮妃殿下と観戦する予定だった翌日の韓国戦をキャンセルし、急きょ帰国して記者会見に臨んだ。

冒頭にお詫びの言葉を述べ、ほっとしたところで質疑応答が始まった。そこで、ある記者がU－23日本代表チームに関する質問をした。

ところが、同チームの反町康治監督の名前がなかなか出てこない。考えているうちに不覚にも「次の監督はオシム……」と、水面下で動いていた次の監督候補の名前を漏らしてしまったのだ。

批判を恐れていては始まらない

これによって、僕は代表惨敗の責任を回避するための故意の発言とあらぬ疑いをかけられ、集中砲火を浴びることになる。

「ジーコを選んだ川淵が悪い」

「会長が責任を取って辞めるべきだ」

批判が次々と噴出し、週刊誌や夕刊紙は、こぞって僕を戦犯扱いした。それに乗じて投書や電話も殺到した。「サッカー協会の会長が有給なのもけしからん」という批判も出た。さらには、講演料やハイヤーを私的流用しているなど、本質とは異なる非難へと発展した。身内からもメディアを通して「晩節を汚すな」と、辞任を迫る者が出てくる始末だった。

そのせいで女房が精神的なショックを受け、C型肝炎が悪化して辛い治療を受けることになった。僕も心身共に疲弊してしまい、帯状疱疹を発症してしまった。

しかし、JFA会長の仕事は、日本代表の強化だけではない。サッカーの普及や環境整備、指導者や審判などの人材養成、トレセンやアカデミーでの選手育成など、サッカーやスポーツの発展を目的に、様々な事業をしている。

ワールドカップの成績によって会長がコロコロ代わるようでは、事業を継続して推し進めていくことはできない。それまでやってきた様々な施策が無になってしまう可能性だってある。悪しき先例をつくらないためにも、批判をはねのける必要があった。

それに複数の職員が「川淵さん、辞めないでください。辞めずに会長を続けてくださ い」と言ってきてくれたのも大きかった。中には涙ながらに訴える者もいた。彼らにとって厳しい上司だったはずなのに、そこまで信じていてくれることが嬉しかった。彼らに慰留され「まだまだ頑張らなければ」と気持ちを奮い立たせた。

もちろんのことながら、トップの交代は、周囲に大きな影響を与える。

それに、僕には自分のやっていることが、必ず世のため人のためになるという自負があった。ＪＦＡの経営をしっかりやれるのは「自分しかいない」という思いもあった。だから、そんな批判を「負けてたまるか」と、持ち前の負けん気ではねのけた。

もしあのとき辞めていたら、今、年間２２００回も開催されているＪＦＡ最大の社会貢献事業「ＪＦＡこころのプロジェクト」（後述）は日の目を見なかったことになる。

僕が尊敬するビジネスマン

日本人のリーダーとして僕が尊敬している人の中にコマツ（株式会社小松製作所）の元社長の坂根正弘さんがいる。坂根さんは小松製作所の中興の祖。会社の業績が落ち込んだときに思い切った改革をし、マイナスの状態から会社の再建を図った。

坂根さんのことでとりわけ印象に残っているのは、原子力発電の問題をテーマにした番組で彼が言っていたことだ。確かフジテレビの「ＢＳフジＬＩＶＥプライムニュース」だったと思う。２０１１年の東日本大震災以降、「原子力発電をなくすべきだ」という世論が高まっていたが、それについて坂根さんは実に明快な意見を述べた。発言の内容は次のようなものだった。

「どういうものでも事故が起こる危険性を孕んでいるが、それを防ぐのは科学技術の発展である。技術を駆使した方法がこれから出てくるはずだ。世の中は今、エネルギー政策を変えて化石燃料に頼るか新エネルギーにシフトする方がいいという風潮になっているが、果たしてそれで良いのか。太陽熱発電などは一気に増えるわけではないし、化石燃料とて何十年か先には不足してしまう。原発で使うウランですら有限であるのに、化石燃料に頼ろうとするのは間違っている。今最も大事なのは、二酸化炭素の排出などを考えながらいかにエネルギーを確保するかということだ。科学技術は発展していく。だから、その進歩に目を向け、原発を進めていくべきだ」

見事だった。原発肯定と言えば全員から総スカンを食らうようなときに、あれだけきっぱり言い切ったことに、僕は清々しさを覚えた。坂根さんは、聞いている者が納得できるような理論で、日本のエネルギー政策のあるべき姿を説明していた。その発言を聞いて坂根さんに畏敬の念を持った。

坂根さんはまた、石川県小松市に小松製作所の主力製品の工場を移し、地元の女性が働きやすい環境をつくりながら労働力を確保していったことでも知られる。それは、地方都市の活性化にも有効に作用した。

リーダーは大局観に立ち、明快な理論で自らの考えを示す。たとえ非難を浴びたとしても、ブレることなく自らの信念を訴え続けることが大切だ。坂根さんの発言を聞いて、あらためてその思いを強くした。

リーダーは人に好かれなくていい

誰の応援もない窮地に追い込まれたときこそ、その人の真価が問われるものだ。「責任を問われてしまう」とか「これをやったら孤立してしまうんじゃないか」なんて考えるようではリーダー失格。保身を捨て、使命を果たすためにどうしたらいいか、それを判断して下の者を導いていくことがトップの責務だ。

シンクロナイズドスイミングの井村雅代さんが、北京オリンピックで日本のライバルである中国チームの監督になったときに、国内で激しい批判を浴びた。しかし、彼女がインタビューで「自分は人に好かれなくて結構。そう割り切っているから言うべきことははっきり言えるし、思い切った行動に出られる」と言っていたのを聞き、「あの若さでこんなことを言えるとは大した指導者だ」と感心したことがある。

トップというのは往々にして批判を受ける立場にあり、どれだけ優秀で、どれだけ清廉な人間であっても批判の的になることがある。

僕も長い間、世間の矢面に立ってきたから、悪いことを言われるのは仕方がないことだと思ってきた。とはいっても、実際のところは決して気持ちのいいものではない。これはもう、慣れて受け流すしかない。

Jリーグがスタートする前、各クラブの社長を集め、税金をテーマに、経済評論家の野末陳平さんに講義してもらったことがあった。それが縁で親しくさせていただいていたのだが、あるとき、「川淵さん、週刊誌などに批判されたり、根も葉もない悪口を書かれるというのは、注目されている証拠だから、あまり気にすることはないですよ」と忠告された。そして、野末さんは「日本人というのは、無知、妬み、ひがみ、ヤキモチ、八つ当たりが多い国民なんですよ」とカラカラと笑った。

関心がなければ悪口すら書かれない。つまり、新聞や週刊誌で誹謗中傷を書かれたとしても、全く書かれないよりマシということだ。

話が少し横道に逸れるが、ＪＦＡの会長を退任して名誉会長に就任してから、「川淵は院政を敷いている」などとマスメディアに書き立てられたことがあった。実際は全く違うのだが、そのとき、ある役員から「川淵は後継者を育てていない」とも批判された。

しかし、僕はリーダーは育てるものではなく、育つものだと思っている。そもそもリーダーを育てるなんて、おこがましいと思うのだ。

天性の嗅覚を持ったストライカーを育てられないのと同じように、突出したリーダーも自然に出現してくるものだと思う。だから、育てるというより、その才能を見逃さず、見極めて伸ばす環境を与えることを大事にすべきだと思っている。

ノイジー・マイノリティーに引きずられるな

逆に、批判がないのは、何もしていないことの裏返しとも言えるだろう。世間は、その人の存在感や仕事を認知しているからいろいろなことを言う、そう思った方がいい。

例えば、50万部発行の週刊誌でひどい記事を書かれたとしても、一冊全部を読む人は半分いるかいないかだし、次の週には新しい号が発行され、前の記事などほとんどの人がすぐに忘れてしまう。だから批判記事についてことさら騒ぎ立てると、もともと10万人か20万人しか知らなかった記事を、何百万もの人が知ることになってしまう。

また、一部の大きな声に引きずられてもいけない。

1998年、調子が悪かった三浦知良を岡田監督がワールドカップの日本代表候補選手に選んだとき、「なぜカズを選んだのだ」という批判の投書が多く届いた。電話やファックスもあった。ところが、事前合宿を行っていたスイスのニヨンでカズがメンバーから外れると、その何十倍のクレームが噴出した。

ノイジー・マイノリティーというのはどの世界にもある。それが10人に1人なのか、100人に1人なのかという差はあるが、一部の意見を聞いてそれがすべてだと思っていると、世の中が全く違う方向に向かっていたりすることがある。

たとえ何を言われようと、何を書かれようと、それが事実無根であるなら、リーダーは泰然自若としていることだ。危機に直面してもリーダーが冷静でいれば部下も安心する。

私利私欲がない独裁者であれ

何でも多数決で決まるのなら誰がトップになっても構わない。しかし、それでは強い組織はつくれないし、仕事のスピードも鈍ってしまう。だから、ある意味、「独裁的なトップ」が必要だ。

但し、条件がある。私利私欲がなく、組織を、そして社会を良くしようという志と信念を持った「独裁者」であること。もちろん、人間だから誰でも欲はあるものだが、リーダーはできるだけ損得を忘れる努力をし、「社会に役立つ」という理念のもとに行動する。理念を持って初めて儲けを出すことを考えるのだ。

大体、組織というものはトップダウンがなければなかなか動かないものだ。長い歴史のある企業では仕組みも比較的優れているから、トップダウンもボトムアップもあるだろう。だが、ボトムアップによる大きな変革というのは、自分自身の経験から言ってそうあることではない。トップダウンでガツンとやって、それで下が刺激され、ボトムアップにつながればしめたものだ。

JFAで、トップダウンからボトムアップにつながった好例が「JFAこころのプロジェクト」だ。

2005年当時、子どものいじめや不登校、いじめを苦にした自殺がメディアで喧伝され、社会問題になっていた。

「JFAは子どもたちにサッカーを教える機会が山ほどあるのに、フェアプレー精神を教えるという努力を怠っているんじゃないか、サッカー界として、子どもの心の成長に貢献できるはず」

そんな思いから、当時、広報部長だった手嶋秀人にどんなやり方があるか検討するよう指示を出した。具体的なアイデアやノウハウを持っていたわけではない。スポーツの感動的なエピソードを紹介する中でいじめやルール違反は卑怯なことだといったことを教えられないか、そんな漠然としたものだった。

2006年3月、手嶋を中心にJFAの職員やJリーガーの引退後の支援をしているJリーグキャリアサポートセンター、外部のプランニング関係者からなるワーキングチームを立ち上げ、話し合いをスタートさせた。

しかし、議論を重ねる度に、対象とするのはどの学年が適当なのか、目指すゴールはどこか、どんな授業をすれば子どもたちの心に寄り添うことができるのかなど、答えのないテーマに戸惑い、なかなか話がまとまらなかった。

プロジェクトに一筋の光が差したのは、ワールドカップドイツ大会から田嶋幸三専務理事（現会長）が帰って、プロジェクトに加わってからだ。

「我々は、『夢があるから強くなる』をスローガンに、日本サッカーを世界一にしたいという夢を持っている。その夢を子どもたちに伝え、いかに夢を持つことが大事かということとを伝えたい」

この田嶋の一言で、袋小路に入っていた議論は急展開を見せ、飛躍的に前進していく。

トップアスリートによる「夢の教室」

順風満帆にJリーガーになった選手など一人もいない。どんな選手もけがに苦しんだり、ミスをして手痛い敗北を味わったり、自信を失ったりしながら、今のポジションを獲得してきた。

「プロになりたい」「ワールドカップの舞台に立ちたい」「海外のトップリーグでプレーしたい」という確固たる目標や夢があったから、どんなに厳しい試練にも耐えてこられたのだ。

こうしたサッカー選手の実体験を生きた教本に、子どもたちに強い人間力を培ってもらおうと完成したのが、「夢の教室」だ。

教壇に立つ「夢先生」は、自らの成功体験を話すのではない。夢を思い描き、その夢に向かっていく中で壁にぶち当たり、挫折を味わったりしながら、何を支えにそれを乗り越えてきたか、むしろ挫折に重きを置いた赤裸々な経験談を語る。そこから、夢や目標を持つことの素晴らしさ、それに向かって努力すること、挑戦する強さを見出してもらおうというものだ。

「たった一回の授業で何が伝えられるのだ」という意見もあったが、誰かの一言に勇気を与えられたとか、その後の人生が大きく変わったということは誰もが少なからず経験していることだと思う。プログラムの内容を聞き、たとえ一度の授業でも子どもたちにインパクトを与える授業は十分にできると確信した。

現に、ある夢先生が小学生時代にサッカーが上手いというだけで仲間はずれにされた話をしているとき、急にすすり泣きをしだした児童がいた。後で担任の先生に聞くと、その少年は野球をやっていて夢先生と全く同じ境遇にいたそうだ。夢先生の話がどんなに深く少年の心に沁み込んでいったことか。

しかも、授業中、夢先生はあえてその子どもに声をかけなかったそうだ。

「泣きながらも話を真剣に聞いていたから、あえて声をかけなくても大丈夫だと思った」と言う。その潔さも、厳しい現実を生きてきたアスリートならではの判断だと感服した。

トップダウンがボトムアップにつながる

また、こんなこともあった。

「夢の教室」では、「ひとことシート」という紙を用意して、子どもたちに自分の夢や授業の感想、夢先生へのメッセージを書いてもらっている。

後日、その「ひとことシート」は担任の先生から夢先生に送られ、夢先生はその一つひとつに返事を書いて、再び学校に送り、子どもたちの手元に届けられる仕組みになっている。

あるとき、夢先生個人にだけ見てほしいという付箋つきの「ひとことシート」があった。そこには「自殺しようと思ったけれど、夢先生の話を聞いて死のうなんて思わなくなった」という内容の、切実な思いが綴られていたそうだ。

もちろん夢先生と児童との一対一のやりとりなので、ほかのスタッフは実際のメモを見てはいないし、夢先生がどんなメッセージを児童に送ったかも聞いていない。だが、夢先生によって絶望の淵から救われた児童が、先生から再び届いたメッセージに勇気をもらい、宝物のように大切にしていることは想像に難くない。

同プロジェクト室長の手嶋が、いみじくも「しっかりした人間力を持った子どもは加害者にも被害者にもならない」と言っていたが、このプロジェクトによって、子どもたちが未来に夢を馳せ、強い心で未来を切り開いていってほしいと願わずにはいられない。

こうして2007年から本格的にスタートした「夢の教室」は、予想を上回る反響があり、この9年間で国内外を合わせて9000回近くの授業を実施している。また、多くの自治体がこのプロジェクトを青少年育成事業として行政に組み込んでくれるようになった。プロジェクトの協賛社も、1業種1社制の原則を抜きに、競合する企業や多くの団体が参画してくれている。

一方の、「夢先生」として教壇に立つアスリートも、プロ野球の三浦大輔選手やマラソンの有森裕子さん、パラリンピック陸上競技の佐藤真海さんほか、あらゆる競技のアスリート、さらには、タレントやアナウンサーも含め、900人もの方々が協力してくれている。

まさかここまで多くの賛同が得られるものになるとは予想していなかっただけに、僕自身も驚いている。

僕が口を出したのは、初年度は慎重に進めたいと50回という目標値を出した手嶋に対し、「1桁違うんじゃないか」と言ったことくらいだ。500回は無理だとしても、可能な限り、実施するよう厳命した。

僕があれこれ細かいことを指示していたら、今のようなプログラムにはなっていなかっただろう。これが理想的な、トップダウンによるボトムアップの形ではないだろうか。

部下をイエスマンにするな

トップダウンは大事だが、自分とは異なる意見にも耳を傾け、良いと思ったことは思い切って採用したり、部下に対してある程度の責任と権限を与える度量もトップには必要だ。

古河電工サッカー部の監督時代にこんなことがあった。

監督の僕は、選手の桑原隆に対して「攻撃は優れているが、守備がダメだ」と評価していた。ところが、ミーティングのときに本人が「自分は守備が得意なのでもっと守備ができるポジションをやらせてください」と申し出てきた。「自分のことをわかっていないな」と思いながらも、とりあえずボランチで起用してみた。そうしたら、これが素晴らしく良かったのだ。

「桑原は、守備は苦手」という自分の考えだけに縛られていたら、彼の才能や能力を埋もれさせていたかもしれない。

組織を動かしていく中で、トップが判断を誤ることもある。そういうときは往々にしてイエスマンばかりを従えていることが多い。

これには、トップが言うことを聞く部下をあえて集めているケースと、トップが部下を結果的にイエスマンにしてしまっているケースがあるが、得てして後者の方が多いのではないだろうか。

トップが部下の意見や疑問に耳を貸さなくなると、部下はいつしか諦めムードになり、次第に意見を発しなくなっていく。そして、その様子を見ている周囲の人間にもそれが伝染し、「うちのトップに言っても無駄だ」となって誰も意見を言わなくなり、徐々に組織は停滞していく。

問題意識が高く、自分なりの意見や疑問をぶつけてくる部下というのは、人とは違った視点を持っているものだ。たとえ採用する見込みがないアイデアばかりだとしても、部下の意見に耳を傾け、その中に可能性のある意見があれば取り上げる。その際の判断軸は、目標に向かうために考えられるべきで、うまくいかなかったら修正すればいい。

自分の意見を聞いてくれる上司であれば、様々な意見が出るようになり、ボトムアップの風土が醸成されていく。それで得をするのは上司であり、トップであり、組織なのだ。

もちろん、リーダーたる者は、自分自身が決めたことはもちろん、部下の失敗に対しても自らが矢面に立って責任を取ることは言わずもがなだ。そうした姿勢がなければ現場は決してついてこないし、彼らもまた意欲を持って仕事に取り組んでいくことはできない。

JリーグにVゴール方式を採用した理由

今回のBリーグは、着手した時点で成功する確信があったが、Jリーグの場合は、どちらかといえば見切り発車だった。

Jリーグは、学校体育と企業スポーツで発展してきた日本に「地域に根ざしたスポーツクラブ」をつくり、広い裾野の中から優秀な選手を育てて日本サッカーを強くするという理念で誕生した。誰もが経験したことのない、手探りのスタートだった。

プロ化にあたり、サッカーに関心がない理由を調査したところ、「点が入らない」「引き分けが多い」「野球のような逆転サヨナラホームランがない」といった意見が大半だった。そこで、FIFAの許可を得て採用したのが、引き分けなしのVゴール方式だった。

劇的なゴールシーンをつくるため、90分で決着がつかなかった場合、点が入った時点で勝敗が決するVゴール方式の延長戦を取り入れることにし、それでも同点のときはPK戦で決着させることにした。

10年後に廃止するのだが、これによって興奮度が増し、多くの人々の関心を集めたのは間違いない。その後、決着のつき方によってポイントを変える勝ち点制を導入したりするなど、Jリーグやファンが成熟していくのに合わせて、少しずつ方式を変えていった。

日本代表もJリーグによって力をつけてきたが、それまでは後半途中までは良いゲームをしていても終盤で力尽きて相手に押し込まれることが多かった。そのこともあって、体力的な強化を図るためにリーグ戦では世界的にあまり例のない「週2試合」というタイトなスケジュールを組んだ。選手から不満は出たが、その成果は数年後に如実に現れた。

サッカーの見方が決定的に変わったのは、2002年に日本と韓国で開催された日韓ワールドカップだ。この大会で多くの日本人が、ワールドカップがオリンピックを凌ぐ世界最大のスポーツイベントだということや「引き分けの価値」というものを知ってくれた。

サッカーの見方がまだそれほど認知されていない時期に、いきなりグローバルスタンダードを持ち込んでいたら、サッカー熱もあれほど急上昇しなかっただろう。

サッカーに対する理解度、定着度を見定めながら、世界の常識にない大胆な施策を実行する。これがサッカーの楽しみ方が日本に根付いた一つの要因だったと思う。

被災地でスタートした「笑顔の教室」

2011年3月11日、未曽有の大震災が起こった。テレビでニュースを見ていると、被災した男性が「子どもたちの元気な姿に勇気づけられる」と話していた。それを聞き、子どもたちの笑顔が大人たちに活力をもたらすことをあらためて実感した。その子どもたちに元気や夢を届けられるのがスポーツであり、彼らの憧れであるアスリートの存在だ。

震災から間もなく、『文藝春秋』の編集部から東日本大震災についての寄稿を頼まれ、自分だからこそできることは何かということをあらためて考えた。

「JFAこころのプロジェクト」は、競技の垣根を越えて多種多様なアスリートの協力を得て実施しているが、それは、選手個人にお願いしてやってもらっていることで、競技団体とJFAとの協働事業ではない。ただ、プロジェクト立ち上げのときから、いずれはスポーツ界全体の取り組みにしたいという考えが根本にあった。多くの学校や教育委員会、保護者に高い評価を得ているこのプロジェクトをJFAの専売にするなんてナンセンスだ。

震災後、時機を見て被災地の学校でもやりたいと思っていたが、サッカー界だけではどうしても展開するスピードに遅れが出るし、活動範囲も広がりにくい。

そこで僕は「今こそ、スポーツ団体が結束すべきときだ」と思い立ち、手嶋に被災地での開催に向けた準備を指示した。

そして、震災から2週間後の25日、被災地向けに編集したDVDを持参し、この年の4月に日体協の会長に就く張富士夫さんに会いに、トヨタ自動車の東京本社に向かった。張新会長のもとでプロジェクトを始動してほしいと思ったからだ。

張さんは、「サッカー協会のノウハウを横取りするようで申し訳ない」と恐縮していたが、日体協の会長に指令を出してもらうことで、スポーツ界全体が動くし、インパクトも出せる。JFAとしては、各競技団体との連携を深めるパイプ役になればいい。このプロジェクトの本筋は、スポーツを通じて子どもたちの心の育成に寄与することなのだから。

スポーツ界を挙げて実施する「こころのプロジェクト」。その契機となったのが東日本大震災というのはなんとも辛い現実だが、子どもたちが夢先生と触れ合う中で、知らなかったスポーツに関心を持ったり、希望を見出してくれたらいい。そして一日も早く、将来の目標や夢に向かって取り組める日常を取り戻せたらと、心が逸った。

こうして2011年4月1日、日体協主導で、JOC、日本トップリーグ連携機構、JFAが協働して行う「スポーツこころのプロジェクト」が立ち上がった。そして、日本スポーツ振興センター（JSC）の理事長を務めていた小野清子さんにお願いし、財政的な面でのバックアップをお願いした。これには、文科省の副大臣だった鈴木寛さんの「やりましょう」という一言も効いた。

スポーツ団体が同じ志のもとで被災地の子どもたちを応援する。さらに資金的な支えを得ることで活動は社会的な広がりを見せ、被災地の子どもたちに質の高い、長期的な支援を維持していくことができる。

こうして体制を整えたわけだが、被災した小学校には家をなくした児童もいれば、家族や友だちを失った児童もいる。震災による心的外傷を抱えている子どもたちだ。そして担任の先生もまた被災者なのだ。「夢先生」の資質をシビアに見る必要があるし、特別な研修も必要になる。

プロジェクトでは被災地の状況を見ながら活動開始の準備を進め、その一方で、阪神・淡路大震災のときにスクールカウンセラーを務めた専門家や臨床心理士などに話を聞き、教育的、心理学的、医学的見地からカリキュラムの内容を検証していった。

そして、震災から半年後の9月、岩手県の大槌町立吉里吉里小学校を皮切りに、被災地での「笑顔の教室」をスタートさせた。

震災による混乱の中で、自治体や教育委員会、学校と調整しながら「半年」という早さで実施できたのは、スポーツ団体のトップに位置する日体協に主導してもらい、JOC、日本トップリーグ連携機構という、日本の各種スポーツを統括する組織の協力を得られたこと、さらに、JSCから運営費を拠出してもらったことによるものである。

新しいことを始めるとき、改革に取り組むとき、状況を的確に把握して流れを予測し、一方で人脈を辿って協力を得るなどいくつもの布石を打っておくことが大事だ。

真のリーダーに必要な「胆識」

世の常だが、人徳とリーダーシップを兼ね備えた人間が組織のトップになるとは限らない。タイミングが悪かったり、そのときの上司に認めてもらえなかったことで、昇格を逃すなんてことはよくある話だ。

個人の努力や才能だけではどうにもならないことはある。功名心にかられて高い地位に就こうと汲々とするよりも、人間力や指導力を磨く方がより有意義な人生を歩めるのではないだろうか。そもそも組織における役職は「組織のため」に設けられているのであって、「個人のため」に設けられているのではないのだから。

真のリーダーとはどういうものか。

まずは、崇高な理想と高い志を持っていること。そして、理想とする目標を成し遂げるための「胆識」を備えていなければならない。

胆識とは何かを成し遂げるための決断力や実行力を伴った「見識」のことで、その見識を身につけるには、知識を増やし、様々なことに挑戦して研鑽を積むことが不可欠だ。

グローバル化した現代社会では、この胆識と、困難な状況に陥ったときにそこから突き抜けられるだけの突破力を持ったリーダーが求められると思う。

「JFAこころのプロジェクト」を常務理事会で提案したとき、正面切って僕に異を唱える者はいなかった。だが、陰で反対している者は少なくなく、理事会でも満場一致という雰囲気ではなかった。おそらく多数決だったら却下されていただろう。

しかし、僕はこれを強引に押し切った。僕には、このプロジェクトが競技団体だからこそできる社会貢献活動であり、JFAの理念に適うものだという確たる信念と、成功する確信があった。だから行動に移したのだ。

その前の「JFAアカデミー」(後述)のときも同じだった。「川淵の個人的趣味」「すぐに潰れる」と吹聴している役員もいたし、マスコミまでもが「協会がエリート教育をするのはおかしい」と批判していた。

JFAアカデミーは、Jクラブの下部組織同様、選択肢の一つであって、むしろ、ここで育てられた選手が全員、一流選手になると思っていることこそ、おかしなことだ。

すべての選手がプロになれるわけではない。ましてや日本代表になれる者などほんの一握り。サッカーが上手いだけで、知識や教養、一般常識が備わっていなければ、どこに行っても通用しない。

サッカーを通じて社会の発展に貢献すると明言している団体が、サッカーだけ教えていればいいのか？ サッカーしかできない中途半端な人間を、世の中に出していいのか？

Jクラブがない地域で、意志ある子どもを集めて高レベルな指導を行い、なおかつ人間性や社会性、国際性を育む教育を施す。その中で、将来を嘱望されるサッカー選手が育ってくれれば御の字であって、たとえ一流になれなくても、一人前に生きていける人間を育てていくことが、競技団体に課せられた使命なのだ。

多くの理事の目が、「代表の強化」ばかりに向いていて、「人々の心身の健全な発達と社会の発展に貢献する」というJFAの理念に思いを馳せることができなかったのは、残念というより情けないと言わざるを得ない。

それに、フランスサッカー連盟やドイツサッカー連盟など、サッカー先進国でエリート養成を実施しているのに、後進の日本がそれをやらずして世界に追いつけるわけがない。

誰がどんなに反対し非難しても、その正当性を主張できるというのは胆識がなければできないこと。バスケットボール界の改革もそうだが、胆識があったからできたことだと思う。具体的に思っているだけで実行に移さないというのは、胆識がないのと同じことなのだ。

前向きなエネルギーは、互いに増幅し合って1＋1が2ではなく、3にも4にもなっていく。もしも、迷ったり悩んだりしたら理念に立ち返って考える。そうすればおのずとやるべきことは見えてくるものだ。

振り返れば、「今に見ておれ」「負けてたまるか」と自分自身を鼓舞し、目指す理想の姿を実現させてきた。「独裁者」だの「ワンマン」だのといろいろ非難されてもきたが、どんな強力な反対勢力に対しても屈することはなかった。なぜなら、私利私欲に駆られて独裁的に物事を進めたことは一度もなかったからだ。自分のやっていることが必ず、人のため、社会のためになるという信念を持ってやってきたと自負している。

サッカーのプロ化のときは、「前例がない」「時期尚早」と猛反対を食らいながらも、「時期尚早と言う人は、100年経っても時期尚早と言う」と反論し、実際に体験した理想の姿をしっかり頭に描きながら、「地域に根ざしたスポーツクラブ」を追い求めてきた。

バスケットボールについてもJリーグを先例に、選手のため、日本のスポーツ界の発展のためなら、嫌われようが、批判されようが構わないという覚悟でやってきた。バスケットボールの面白さも知らず、部外者だと遠慮して当事者の顔色を見ながらやっていたら、わずか4カ月でリーグを統一することは不可能だったと思う。

第5章
世界基準の人財育成

首都大学東京からのオファー

ＪＦＡ、日本トップリーグ連携機構、ＪＢＡ、こころの東京革命など、多くの団体等の役員を務めてきたが、先日、自分にどのくらい肩書きがあるのか数えてみたら、実際に活動しているものだけで26もあった。名前だけのものを入れたらその倍以上になる。79歳でこうやって仕事をさせてもらっているというのは幸せなことだ。

ここ数年、バスケットボールのプロ化で表に立ってきたが、今の本職は、公立大学法人首都大学東京の理事長だ。給料はここからもらっていて、それ以外は当然のことながら、無報酬だ。

長年サッカー界で生きてきた僕がなぜ教育の場に行くことになったのか。

最初のきっかけは、東京都の教育委員だった。

ＪＦＡアカデミーを手がけるなど教育に関心があったことから、東京都知事だった石原慎太郎さんから教育委員の仕事を頼まれ、喜んで引き受けることにした。２０１１年6月に就任し、月2回の会議と学校訪問、各種行事に出席するなど、自分でもいろいろ勉強したりしながらその任を務めていた。

そんななか、副知事だった猪瀬直樹さんから自宅に電話がかかってきた。都知事選挙に出馬するから選挙対策本部長になってくれないかということだった。

猪瀬さんとは、会えば話をするような間柄ではあったが、かなり親しいというほどではなかった。それで、なぜ僕なのか理由を尋ねると、「石原さんが都知事に立候補したときの佐々淳行さんのように、僕の後ろに川淵さんにいてもらえると世間が安心する」と言う。興味はあったが、その場では「3日ほど考えさせてほしい」と答えた。

電話があった翌日、猪瀬さんの人物像を知るために彼の著書を読んでみようと本屋に行った。というのも、石原さんが猪瀬さんの書いた本を読んで彼を副知事に抜擢したというのを聞いていたからだ。石原さんは、その取材能力や分析力、作家としての発想力などイマジネーションも含め、副知事としてふさわしいと考えて彼を選んだという。

僕が読んだのは『ミカドの肖像』と『ピカレスク—太宰治伝』『ペルソナ—三島由紀夫伝』。最初に手に取ったのは『ミカドの肖像』だ。600ページを超える大作で「ちょっと手強いぞ」と思いながら、ページをめくった。すると、一気に本の中身に引き寄せられていった。「なるほど、これはすごい」。今まで知らなかった事実が詳《つまび》らかに記されている。

こういう人が知事をするのであれば、都政もしっかりやってくれるに違いない。3日を待たず、引き受けると返事をした。こうして、19日間、僕は選対本部長として街頭演説などを精力的にこなした。

教育委員会の仕事は、選対本部長になった時点で辞めていた。

選挙から1カ月経った2013年の1月末、再び猪瀬さんから電話がかかってきた。首都大の何かを引き受けてほしいというようなことを言われたのだが、ちゃんと聞き取れなかった。しかし、聞き直すことはせずに「論功行賞は受けたくない」とその場で断った。

それから1週間ほど経って、今度は東京都の笠井謙一総務局長と中嶋正宏人事部長（いずれも当時）が僕のところにやってきて「首都大学東京の理事長になってください」と言う。そのとき初めて、猪瀬さんに要請されたのが理事長の職だとわかった。

しかし、どうせ猪瀬さんに言われてやってきたんだろうと思った僕は、「選対本部長を務めた見返りなんていい。それに知事もマスコミに叩かれるだろうから」と断った。すると、彼らは「我々が川淵さんにお願いしたいと言い、猪瀬さんに進言したんですよ」と言う。意外だった、というより驚いた。都の職員からそんな声が出たというのなら、考えてみようと思った。

情報を集め、実態を把握する

僕は、新しいことに取り組むとき、できる限りの情報を集め、実態をきちんと把握するようにしている。

Ｊリーグの規約をつくるときは、ＦＩＦＡやドイツのブンデスリーガ、イングランドのプレミアリーグなどの規約を取り寄せて勉強したし、後にバスケットボールのタスクフォースのチェアマンになるときもそうだった。実態を知ることで相関関係と因果関係がわかり、解決の糸口がつかめる。新たなアイデアも浮かんでくる。

このときも首都大学東京について猛勉強した。秘書に頼んで、月1回2時間の頻度で行われる経営審議会の2年分の議事録を取り寄せ、隈なく読んだ。それによって首都大の全容をほぼつかむことができた。

大学の学長というのは教学の中心であり、教授や学生に関することは学長がすべて責任を持つ。一方の理事長は、大学の経営を担う。企業で言えば、社長だ。首都大の場合は、同大学に加えて産業技術大学院大学、東京都立産業技術高等専門学校の三つの教育機関の責任を負う。

カルチャーショックだったのは、企業の多くはピラミッド型の組織で上の命令一下で動くのに対し、大学は学者の世界だからその命令系統が企業とは全く違っていたことだ。だからこそ研究活動というものが成立しているのだと思うが、大学にももう少し企業型の動かし方を取り入れてもいいはずだ。

議事録には、高橋宏理事長（当時）の「一橋大学には首都大の何倍もの留学生が来ている。首都大は努力不足」といった発言が度々出てきた。しかし、留学生を増やす目標は持っているが、いつまでに何人増やすという具体的な期限設定と数値目標が議論されていなかった。これは民間企業では考えられないことだ。

目標を定めて、その達成のために具体策を立てて実施するということは非常に重要で、結果、達成できなかったとしても何が足りなかったかを検証できる。いわゆる「ＰＤＣＡ」である。ＰＬＡＮ－ＤＯ－ＣＨＥＣＫ－ＡＣＴＩＯＮのサイクルを踏むことが大事なのだ。それは大学の経営も同じだ。

理念を再認識することの重要性

企業のトップとして新しい職場に最初に乗り込んでいくときは、その組織の歴史や理念、現状、問題点などを勉強しておく必要がある。

大学に関して言えば、自分の知らない専門用語が多かった。まず、それをきちんと調べることで毅然とした態度で臨めるし、発言する際も説得力が出てくる。人心を掌握するのにも極めて有効だ。

ＪＦＡの会長になったときも、まずは、理念に基づいて業務を全うすることの重要性を説いた。特にＪＦＡはＪリーグの発足以降、組織が急激に大きくなり、財政的にもゆとりができて職員も一気に増えた。

組織が細分化されてくると、「何のために働いているのか、今、自分がしている仕事は何につながっているのか」ということがわかりにくくなる。

ただでさえ公益財団法人だから、一般企業のように業績の向上を目標にすることは難しい。だからこそ、理念が必要なのだ。

首都大の最初の経営審議会でもそれを問うた。「この大学の建学の精神は一体、何ですか」と。すると水を打ったように静まり返った。理念はあったが、四つの学校を統合したことで、建学の精神はなかった。

石原慎太郎元都知事が「今までの日本にない大学をつくる」と、都立の四大学を統合し、首都大学東京を創設したのが、２００５年のことだ。強いて言えば、それが建学の精神なのではないか。

先にも述べたが、大学の理事長と学長というのはそれぞれ仕事が明確に分かれている。予算など経営に関わることはすべて理事長の仕事で、教学のことは学長の仕事だ。学長の中には、理事長は教学のことには口を挟むべきではないという考えの人もいるし、逆に、いろいろ相談しながらやっていきたいという人もいる。

しかし、共に大学を発展させ、優秀な人材を輩出したいという思いは同じなのだから、コミュニケーションは不可欠だと思う。

これまで僕は、アメリカのように入るのは易しいが出るのは難しいというのが、大学のあるべき姿だとずっと思っていた。だから、理事長になって最初に学長と面会したときにその話をした。

すると、学長は「それが理想だけど、そういうことをすると大学は潰れてしまう」と言う。入学志願者が減り、また、留年する学生が多いと就職にも影響してくるから、というのが理由だった。「それはそうだけどそこを曲げて」というほどの迫力は、理事長になりたての僕にはなかった。

「首都大は卒業するのは難しいが、卒業生は優秀で就職率は高い」という評判が広がれば志願者は増えるはず。それに、首都大は私立ではなく公立大学法人なのだから、潰れることを心配するよりも、もっと大学の価値を上げる施策を講ずるべきだ。

幸いなことに、現在の上野淳学長とは互いに同じ思いを共有し、大学経営に取り組むことができている。

大学の学食メニューも改革

公立大学法人首都大学東京の前身、東京都立大学は1949年の創立で、東急東横線の駅の名前にもなっており、多くの人に認知されていた。

しかし、首都大学東京は違う。おそらく10人中8人は、もともとは都立大学だということを知らないのではないか。僕もそうだったのだが、新しくできた私立大学だと思っている人が多い。

学生が就職活動をするときも「元の都立大学です」といちいち説明しなければならないらしく、学生のプライドに関わる上に、卒業生も母校がなくなってしまったと感じているようで、後輩への「思い」につながっていない。

それを知った僕はまさに首都大の認知度を上げるべきだと考えた。そして、新聞広告を出したり、京王電鉄に働きかけて南大沢駅に「首都大学東京最寄駅」という副駅名標板を設置してもらったりした。

図書館の機能も充実させた。学生が勉強する場である大学の図書館なのに夜9時には閉館してしまうため、学生たちから利用しづらいという声が出ていたからだ。しかも日曜日は休みだという。そこで、開館時間を延長し、試験期間中は日曜も開館することにした。

スポーツ施設の整備にも取り組んだ。サッカー部の練習を見に行くと土のグラウンドで、「こんなグラウンドでよくやっているな」と気の毒に思った。それに、風が吹くと近隣の人家に土埃が舞い込むような状況だったため、すぐにラグビー、アメフト共用の人工芝に変えた。

人工芝は見た目がきれいだし、長時間の使用にも耐え得る。そこに仮設スタンドがつけばホームスタジアムとしても使える。いずれ、リーグ戦がホーム&アウェイで開催されるようになれば、近隣のサッカーファンやラグビーファンにも見に来てもらえるし、大学に親近感を持ってもらえるだろう。これからは大学も地域と共に生き、地域に貢献していくべきだ。

また、過去の議事録に「ダイバーシティ」という言葉も多く出ていたことから、幼い子どもを持つ職員が安心して働けるよう、一時保育施設もつくった。

学生の食生活の問題にも踏み込んだ。朝食をとらない学生が増えているので、学食で朝食メニューを出しているのか聞いたところ、昔、カレーを出したのだが評判が良くなかったからやめたという。

朝からカレーライスでは評判が悪いのも当たり前だ。とにかくちゃんとした朝食を出すよう指示を出した。仕送りの少ない苦学生のためにできるだけ価格を抑えようと、料金は1食150円程度に設定するよう提案した。

しかし、この金額で提供すると、今度は採算が取れないという問題が出てきた。そのための人も増やさなければならない。そこで一学期のうちに1カ月間だけ、大学が一部料金を負担する形にし、それによって学生たちが朝食を食べる習慣をつけてくれればと考えた。

また、教授陣からの要望を受け、教授同士が気軽にコミュニケーションを取れるコーヒーハウスもつくった。

これらの改革についても、スピード感を意識した。大学に欠けている部分でもあることから事務方にその重要性を説くと、想像以上の行動力でそれらを具現化してくれた。

一橋大学学長との対談で得たこと

授業にも頻繁に足を運んだ。首都大の制度を見てとてもいいなと思ったのは、一つの講義に100人も200人も出席していた僕の大学時代と違って、教授1人に対して学生が10人か20人の少人数制の授業が多いことだ。それだけ、内容の濃い授業を受けられるということにほかならない。

また、1年生からインターンシップに行かせる制度もある。選択科目ではあるが、それでも3割くらいの学生が経験しているようだ。学生が将来の目標を見定める、目的意識を持つという意義はもちろん、首都大の取り組みを広く社会に伝えることで、大学の知名度向上にもつながっている。

1年生から入れるゼミがとても充実しており、例えば「大学で何を何のために学び、どんな資格が取れるのか」というテーマもある。このテーマで真剣に討議して自分と向き合い、問題意識を持って大学生活を送るのはとてもいいことだ。特に1年生からいろいろな問題を意識させることは非常に意義深い。

文部科学省が発表した2011年の「日本人の海外留学者数」によると、海外留学者はピーク時の2004年から7年連続して減少しており、その減少幅は2004年比で30%

に達する。政府は、東京オリンピックが開催される2020年までに海外留学生を現行の2倍に増やすとしているが、少子化も進んでいる中で早く手を打たないと、日本の国際競争力は低下する一方だ。

以前、一橋大学の広報誌の企画で、同大学の山内進学長（当時）と対談したことがある。一橋大学でも「グローバル化」というテーマが経営協議会で盛んに議論されてきたそうだ。大学としての指標はやはり「留学生の数」ということで、中期計画で「毎年300人程度を受け入れ、同じく300人程度を送り出す」という数値目標を出した。

300人というのはかなりの人数だ。これまで毎年200人ぐらいが留学に出ていたそうだが、思い切ったトライアルとして、大学が渡航費などを負担して1カ月という短期間で海外留学に出す制度をつくったという。100人の学生を募ったところ、270人近い応募があり、その中の100人を選抜した。こうして300人の目標をほぼクリアした。

最終的には、全学生が卒業までに最低1回は海外に出るということを目標にしていて、誰もが行けるように、短期、中期、長期といろいろな留学制度をつくっているという。一方の受け入れについても、すでに毎年300人以上の留学生が一橋大学で学んでいるそうだ。

首都大でも僕が理事長になる前から「グローバル人材の育成」ということが議論に挙がっていた。だが、このテーマに関しても会議で話題になるだけで、その後のフォローを経営審議会として全くしていなかった。

そこで、首都大もグローバル人材育成入試（ＡＯ入試）を始めることにし、２０１５年度の入試から導入した。この入試で入学した学生には海外留学を義務づけている。また海外協定校との交換留学や短期語学研修等の留学制度も充実させている。一方で留学生の受け入れも増えており、その人たちと交流を深めることでグローバルな意識を高めてもらいたいと思う。

経験の浅い僕にとって、山内一橋大学前学長の話はとても参考になった。大学のトップ同士の情報交換会をもっと実施すべきだろう。

ビジョンとハードワークの両立

２０１６年３月24日、首都大学東京の卒業式が執り行われた。

そのとき僕は、少し前に雑誌『ＷｉＬＬ』に掲載された山中伸弥さんのエピソードを取り上げ、祝辞を述べた。

山中さんと言えば、２０１２年にノーベル生理学・医学賞を受賞したことで知られている。現在、京都大学ｉＰＳ細胞研究所の所長を務める山中さんは、神戸大学を卒業した後、国立大阪病院の整形外科で臨床研修医としてそのキャリアをスタートさせた。厳しい研修を受けながら懸命に努力していたが、動物実験ではうまくできても、相手が人間だとどうしてもうまくいかない。指導担当の先生には「ジャマナカ」とさえ言われたそうだ。それで、「整形外科には向いていないんじゃないか、一人前の臨床医になれないんじゃないか」と悩むようになる。そのとき、「難病で苦しむ患者さんを何とか治す方法を探したい」と考えるようになり、信頼する先生に相談して大阪市立大学の大学院で薬理学を学んだ。そこで医学博士の学位を取得。その後、さらに研究を続けるポスドク（博士研究員）になろうと、科学雑誌『ネイチャー』などに掲載されている求人広告を見て、手当たり次第、手紙を書いて応募したという。わずか4年の研究経験しかないため、ことごとく落ちてしまうのだが、カリフォルニア大学サンフランシスコ校のグラッドストーン研究所から電話が来て、土日も働くという条件で採用された。

グラッドストーン研究所では所長からとても可愛がられたそうだが、あるとき、所長がポスドクを20人ほど集めて「研究者として成功する秘訣を教える」と言い、「それは、Ｖ

W、すなわち、ビジョン&ワークハードだ」と教えられる。

そして、「シンヤ、僕は君がいつもハードワークしていることはよく知っている。ところで、君のビジョンは何なんだ？」と問われた。山中さんは咄嗟に答えられず、「いい論文を書きたい」「研究費をもらいたい」「いいポストに就きたい」、それくらいしか浮かんでこなかった。

所長に「それはビジョンではない。ビジョンを達成するための手段に過ぎない。君は何をしにアメリカに来たのだ」と言われ、大変なショックを受けたという。よくよく考えてみたところ、「どんなにいい腕を持つ外科医でも治せないけがや病気を治したい」という初心を思い出した。「そのことを53歳となったいまも忘れないようにしています」と記事に書かれていた。

昔、「ワーカーホリック」と揶揄されたように、日本人はよく働く国民だ。しかし、誰もがいつの間にか、何のために働いているのかという目的や目標を見失ってしまうことがある。帰国後、山中さんは日本とアメリカとのギャップに悩み、うつ病になってしまうが、それでも困難を乗り越え、自らの研究を貫いてiPS細胞の研究に辿り着いた。

翻って自分のことを考えてみると、若い頃は「会社で偉くなりたい」「給料をたくさんもらいたい」「家を建てたい」と、自分中心のことしか考えていなかった。

前にも述べたが51歳のとき、古河電工名古屋支店から本社に栄転できると思っていたが、子会社への出向を命じられ、左遷の挫折を味わった。ちょうどそのとき、JSLの総務主事にならないかという話があり、残りの人生をサッカーに懸けようと決意した。そういった意味では、僕が明確なビジョンを持ったのは51歳のときだったのだ。


卒業式の2カ月前、長野県軽井沢町でスキーツアーの大学生らを乗せたバスが転落事故を起こした。首都大の学生5人が乗り合わせ、そのうちの一人、田原寛《かん》さんが亡くなった。彼は2年生。大阪吹田市の出身で、高校時代はサッカー部でゴールキーパーとして活躍していたそうだ。首都大に現役で合格し、2015年にはオーストラリアへの短期留学も経験している。子どもの貧困問題などに関心を持ち、老人福祉施設で職場体験をするなど、将来は社会福祉士を目指していた。「社会に役立つ仕事がしたい」が口癖で、充実した学生生活を送っていたという。

僕はこの話を聞いたときに本当に感動した。20歳にもならないこの青年が、世の中のために働きたいという気高い志を持ち、首都大に入ってくれた。そのことを本当に誇りに思った。

僕は山中さんと田原さんの話をした後、卒業生に対して「皆さんも、ビジョンを持っている人はいるだろう。後輩である田原さんの、『世のため人のため』という遺志を自分のビジョンに組み込み、これからの人生を生きていってほしい。そういう願いを込め、〝ビジョン&ワークハード〟を餞《はなむけ》の言葉として贈る」と締めくくった。

小学校の校庭を芝生にする

核家族化やオートメーション化、ITの発達などにより、日本人の家族形態や生活様式もこの30年で大きく様変わりした。子どもの遊びもテレビゲームが中心で、外遊びが減少している。遊び相手も少なく、高層マンションに住む子どもは一度自宅に帰ってしまうと外に出ようとしないというが、そんな話を聞く度にがっくりきてしまう。

チェアマン時代、出張で鹿児島県指宿市を訪れたときに偶然、校庭が芝生の小学校（指宿市立池田小学校）を見つけ、嬉しさのあまり、ドカドカと職員室に上がり込んで話を聞いた。それが縁で親類のような付き合いが始まり、何度か運動会にも参加させてもらった。

池田小学校は1972年に校庭を芝生にした。PTAの総会で土埃をなくそうという案が持ち上がり、児童の保護者延べ200人を動員して芝生の苗を植えたという。養生には1年を要したが、その後、校庭は一面の緑になり、それを機に池田小の運動会は、学校区の中高生や近隣に住む老若男女が参加する「地域の運動会」になった。元気に走り回る子どもたちを見ながら、校長先生が「いじめをしたり、キレたりする児童は一人もいませんよ」と誇らしげに話していたのが印象深い。「土埃をなくすための芝生化」というアイデアが、学校を地域コミュニティーの拠点にした嬉しい誤算と言えるだろう。

JFAの会長になってからは「JFAグリーンプロジェクト」を立ち上げ、ポット苗による芝生化を推進してきた。これは、ポットの中で30日間ほど育てた芝生の苗を、田植えのように50㎝の間隔で植えていくもので、2カ月ほどで間隔は埋まり一面緑の芝生になる。この8年で小学校や幼稚園、地域のグラウンドなどおよそ340カ所が芝生になった。

2006年には東京都知事を務めていた石原慎太郎さんと一緒に東京都で初めて校庭を芝生化した杉並区の和泉小学校を訪れた。石原さんはその年の暮れに「都内でサッカーグラウンド500面分の緑を新たに生み出す」などとする都の3カ年計画を公表。これによって都内の小中学校や幼稚園などの多くが芝生化された。

和泉小学校では、歩行器を使ってしか歩けなかった児童が自力で歩き、仲間たちと芝生の感触を楽しんだ場面を目の当たりにしたが、芝生のグラウンドにまつわる感動的なエピソードは枚挙にいとまがない。

当時、いくら「校庭を芝生にしよう」と言ってもマスコミは全く取り上げてくれなかった。それに、僕がそう言うと、「サッカーのためにやっている」と思われてしまうのだが、決してそうではない。

芝生の広場があれば、誰もが立ち寄り、走り回ったり寝転んだり、滑り込んだりしたくなるものだ。転んでもけがが少ないから思い切り走り回れる。猛暑の夏はヒートアイランド現象の緩和にもつながるし、適度な湿度が保たれることで風邪もひきにくくなる。

そもそも学習に必要な集中力や持久力は、きちんとした姿勢を維持できる体力・筋力があって初めて保てるもの。四肢を使うことで知能が発達し、遊びやスポーツを通じて思いやりや協調性、ルールを守るといった社会性が育まれていく。そういった経験が現代に生きる子どもには必要不可欠であることは言うまでもなく、そのきっかけや環境を与えてあげることが、我々に課せられた使命だと思う。

それに日本は、世界に先駆けて超高齢社会に突入した国だ。医療費の削減や健康寿命を延ばすという観点からも草の根のスポーツ振興や施設の整備は益々重要なものになっていく。

話しかけてもさして反応がなく、日がな一日テレビを見て過ごしているような老人が、子どもたちの遊ぶ姿を見て笑顔になったというのはよく耳にする話だ。芝生の広場があるだけでも外に出てみようという気力が湧いてくるだろうし、そこで世代を超えた交流が生まれたら活動的にもなるかもしれない。そういう意味で、今は新たに老人ホームの園庭の芝生化にも取り組んでいる。

本田圭佑に学ぶ、目的意識の大切さ

グローバル人材の育成が声高に叫ばれるようになって久しい。

小学校に英語の授業を取り入れたり、「平等主義」の名のもとに広くあまねく若者に対して海外に行きやすい一定の道筋をつけるなど、様々な策が講じられている。

しかし、僕はそのやり方に、少し疑問を持っている。

英語を話しさえすればインターナショナルと言えるのか。海外に行きさえすればグローバルな人間に育つのか。

まず大切なのは、明確な目的意識と高い志、日本人としてのアイデンティティーと知性、教養を兼ね備えていることだ。英語が話せたところで、自らの考えや思想を持たなければ、国際社会に貢献できるわけがないのだから。

サッカー日本代表の本田圭佑が「セリエA（イタリアのプロリーグ）でプレーする」という夢を実現させたのは有名な話だ。彼は子どもの頃からそれを目標にサッカーを続けてきた。小学校の卒業文集には「セリエAに入団します。そして、レギュラーになって10番で活躍します」と書いている。

彼は、中学生まではガンバ大阪のジュニアユースでプレーしていたが、ユースチームに上がるときに選考から漏れてしまう。それでも挫けず、石川県の星稜高校に進んでサッカーを続け、卒業後の2005年に名古屋グランパスに入団した。さらに、この年にFIFAワールドユース選手権の代表に選ばれて、オランダ戦に出場した。そして、2008年の北京オリンピックではU－23日本代表の主力となった。

だが、そのとき、ピッチをところ狭しと駆け回る長友佑都とは対照的に、本田はあまり動いていなかった。「反町監督はなんでこんな動かない選手を使うんだろう」と腹立たしく思ったことがある。

ところが後日談で、彼が「いかに動かずに効率的にサッカーをするか」と考えていたと知り、新鮮な衝撃を受けた。当時のガンバ大阪のジュニアユースの指導者が「もっと動くように」と指示しても彼は自分の考えを曲げなかったらしい。「いかに効率的に動いたら良いサッカーができるか」という考えに至り、それを実践しながらさらに経験を積み、オランダのＶＶＶフェンロ、ロシアのＣＳＫＡモスクワを経て、遂にセリエＡの強豪、ＡＣミランの10番でプレーするという夢を実現させたのだ。

入団会見で、イタリア語で簡単な挨拶をした後、英語で自らの考えを示した姿を見て、つくづくすごい選手だと思った。

本田のように、夢に向かって自発的に取り組む若者をどう育てていくか。小さいうちから礼節や社会性、日本人としてのアイデンティティーをきちんと教え込むことが不可欠だ。目指す事柄が世の中の何に役立つのか、誰のためになるのか。そういった動機づけをしつつ、自由度の高い教育を施す。

夢の実現へのアプローチは幾通りもある。一元的な考え方を押し付けずに、出てきた芽を伸び伸びと育てることに力を注ぐべきだと思っている。たとえ数は少なくても、どの分野にも必ず逸材は出てくるはずだ。そういった意味では、若者の内向き志向についても、全く心配はしていない。

現在、サッカー界では数百人近い選手が世界各国のリーグで活動している。Ｊリーグの空洞化を危惧する声はいまだにあるが、彼らがいなくなった穴を補っても余りある選手が育っている。それは、サッカー界が常に「グローバル・スタンダード」を追求して進化する世界だからだ。

近い将来、海外での経験を積んだ選手が戻ってきて、その経験を後進の指導に生かしてくれるだろう。そういった循環ができ、常に20人ぐらいの選手が海外のトップリーグでレギュラーを張れるようになったとき、日本サッカーは世界に冠たる地位を確立しているはずだ。

エリート養成機関「ＪＦＡアカデミー」

フランスには、サッカー連盟が運営するフランス国立サッカー学院（ＩＮＦ）という育成機関がある。かつてフランス代表として活躍したティエリ・アンリやニコラ・アネルカなどは、ここで英才教育を受けて、名実共に一流のサッカー選手に成長した。

ヨーロッパや南米の強豪に追いつけ追い越せと言っている日本がそれをせずに、優秀な選手が出てくるのを、指をくわえて待っているわけにはいかない。

ＪＦＡの会長に就任したときに「キャプテンズ・ミッション」を策定し、その一つとして、「早期エリート教育システムの確立」を挙げた。そして、その翌年の２００３年、エリート養成機関「ＪＦＡアカデミー」の検討をスタートさせた。僕はＪヴィレッジを拠点にしたいと考え、６月のＪヴィレッジの株主総会でエリート養成機関をつくりたいという考えを示した。

その３カ月後のＪヴィレッジの取締役会で、佐藤栄作久福島県知事（当時）から議会の承認を得たと聞いてその行動の速さに驚いた。その後、ＪＦＡの平田竹男ゼネラルセクレタリー（当時）が福島県の企画調整部の内堀政雄部長（現福島県知事）と会い、具体的な話し合いを始めた。そしてありがたいことに、福島県が多額の財源をＪＦＡアカデミーをはじめとする人材育成事業に投入してくれることになった。

ＪＦＡアカデミー福島はフランスのＩＮＦに倣ったもので、近隣の中高一貫校と連動してエリート選手を育てる機関だ。

「サッカーによる真の国際人の養成」と銘打ち、「４人に１人、トップレベルの選手を輩出する」ことを目標に定めた。

ただ最も重要なのは、たとえプロ選手や代表選手になれなかったとしても、将来、社会に出たときに自信を持って生きていけるような教養とスキルを身につけさせることだ。「このプログラムを受けて良かった」と生徒や保護者が思って初めてこの取り組みが成功したと言える。これら教育に関しては、田嶋専務理事（当時）が全責任を持って企画立案してくれた。

ＪＦＡアカデミーでは、サッカー指導のほか、言語技術や外国語教育、農業体験、マナー教育など、独自のカリキュラムを取り入れている。開校当初は、ＩＮＦの校長を務めたクロード・デュソーさんとアドバイザー契約を結び、年間延べ６カ月、直接指導にあたってもらった。

中高一貫の6年間、全寮制でやっているアカデミーは福島校だけだが、現在は、中学3年間で行っている熊本宇城校（男子のみ）、大阪の堺校と愛媛の今治校（いずれも女子のみ）の4校に増えた。ちなみに僕は、２０１6年3月まで堺校のスクールマスターを務めていた。

ところで、「サッカーのエリート教育」と聞くと難色を示す人がいる。バイオリンの五島龍やピアニストの辻井伸行、スポーツの世界ではゴルフの宮里藍や卓球の福原愛などは、幼い頃から親が英才教育を施して一流のスキルを身につけた。芸術や個人競技では英才教育に対して批判がないのに、なぜ、サッカーをはじめとする団体競技では難色を示すのだろう。選ばれない子どもを慮って、能力の高い子どもの才能を伸ばすことをせず、平均的な子どもだけをつくっていけばそれでいいのか？

スポーツ好きの健康な子どもを育てる一方で、才能ある子どもに質の高い指導や教育を施すこと、それがスポーツ団体の重要な役目だ。それに、スポーツの普及にしろ、エリート教育にしろお金がかかるもので、その財源を確保することも大切。世界に通用する選手を育てることで日本代表やＪリーグが魅力的なものになり、人気を集める。その結果、普及や育成に投資するための財源を確保することができるのだ。

ＪＦＡアカデミー福島は、２０１１年の東日本大震災によってＪヴィレッジが原発事故収束の対応拠点になったことから、現在は静岡県で活動しているが、アカデミー生は現在も素晴らしい環境の中、専門の指導者から質の高い指導を受けている。既に10年が経過し、なでしこジャパンの山根恵里奈などのように日本代表に選ばれる者やプロ選手になった者、大学に進学して企業で活躍している者など、それぞれがそれぞれの道で頑張っている。

アメリカのプロスポーツから学んだこと

Jリーグはプロ野球と異なり、テレビ、ラジオの放送権やユニフォーム、グッズなどの商品化権などをリーグが一括管理し、リーグ全体としての事業収入を最大化してそれをクラブに分配する方法を取り入れた。アメリカのプロスポーツでは珍しいことではない。

マーチャンダイジングは、『セサミストリート』の商品化を手がけたノウハウがあり、NBAやNFLなどのスポーツビジネスの手法に精通しているソニー・クリエイティブプロダクツに一任した。

アメリカのプロスポーツのマーチャンダイジングは、同じコンセプトでグッズを制作し、似たデザインなどで統一して売る。それが売上げに相乗効果を生むという話を聞き、これでいかない手はないと同社にお願いした。

Jリーグ開幕前年の1992年には、各クラブの社長らとアメリカに行き、野球のメジャーリーグやバスケットボールのNBAを視察した。そこで僕らは選手に対する処遇、マスコミや一般ファン、スポンサーに対するサービスなど、プロスポーツの真髄を学んだ。

Jリーグの開幕を3カ月後に控えた1993年2月には、NFLの優勝決定戦「スーパーボウル」をJリーグの各クラブの社長と共に視察し、1週間にわたって行われる「スーパーボウル・ウィーク」の行事をつぶさに見た。そこでの体験は衝撃的だった。開催地のロサンゼルスでは毎日イベントが行われていた。出場するチームは練習が終わった後に記者会見を行うのだが、会見に出る選手は、スーパースターとそのほかの選手とで席が分かれている。さらに監督会見は別室で行う。それを1週間、毎日行う。マスコミも全米から3000社も集まるほど大いに盛り上がる。

試合当日はハーフタイムにマイケル・ジャクソンが登場してミニコンサートを開くことになっていた。マイケル・ジャクソンと言えば世界最高のスーパースターだ。実に豪華な演出だ。とはいっても、この短い時間にどのようにミニコンサートを開くのか。

試合の前半が終わり、選手がロッカールームに引き上げると同時に、すごいスピードで舞台がピッチに出てきた。白熱した試合を見て盛り上がっていた大観衆は、絶頂期を誇っていた超人気歌手のショーにさらにヒートアップした。コンサートが終わった後も、興味深くその動きを見守った。すると、マイケル・ジャクソンが歌い終わるやいなや、舞台は再び、あっという間に引っ込められた。プロの早業だった。

各都市はスーパーボウルを招致するために多額の資金をかけてNFLに働きかける。NFLは開催都市にチケットの販売権を渡すのだが、市はチケットをいくらで売っても良いと聞いた。

例えば、175ドルのチケットを1000ドル、2000ドルでもいいし、3000ドルと言っても売れてしまう。金額に応じて特典がつくのだが、一番驚いたのは、我々が買った3000ドルのチケットはスタジアムまでの専用バス付きで、しかも、それが大渋滞の道路を白バイに先導されて行ったことだった。席が良いだけではなく、こういうところにも差をつけている。

また、チケットをチャリティーに使うというやり方もある。例えば175ドルのチケットに1000ドルのチャリティーという条件をつける。1000ドル寄付すれば車椅子席と付き添いの人の席が手に入り、障がいのある人を招待することができるのだ。恵まれない子どもを対象とするチャリティー席もある。これらは募集するとあっという間に埋まってしまうという。チャリティーの文化が根付いているアメリカでは、みんなが喜んで1000ドルを払う。

スーパーボウルの開催都市はチケットをこのように売って、招致にかかった経費を回収することができる。その舞台裏を勉強して、僕たちはいろいろなことを学んだ。プロのエンターテインメントではアメリカはやはり世界一だと思った。

エンターテインメントとはどうあるべきか

アメリカのプロスポーツは、大人から子どもまで、誰もが試合が始まるまでの時間を有意義に過ごせるように考えられている。例えば野球場なら入場券を買って中に入ると、様々なアクティビティが揃っている。

試合やイベントが行われる日には子ども用の遊具が設置され、子どもたちはイベントの最中もそこで遊ぶことができる。もちろん、代名詞のホットドッグなど、飲食のブースも豊富だ。

アメリカでスポーツ観戦をすると、「エンターテインメント」とはどうあるべきかを、まざまざと教えられるのだ。

日本のサッカーでは、熱烈なサポーター以外は試合の間際に来て、試合が終わったらさっさと帰ることがほとんど。スタジアムでの滞在時間はせいぜい2時間半ぐらいだろう。サッカーの施設で言えば、日本はサッカー専用スタジアムより、陸上競技場の方が多い。ピッチと観客の間を隔てている何レーンものトラックは、どうしても試合の臨場感を削《そ》いでしまう。

それでもJリーグの誕生時にいくつものスタジアムが改修され、2002年にはFIFAワールドカップが日本で開催されたことで4万人規模の大型スタジアムが新設された。サッカー専用のスタジアムも徐々にではあるが増えてきている。現在は、第2次スタジアム建設時代とも言われており、ガンバ大阪の新スタジアムのような新しいコンセプトを持ったスタジアムも誕生しつつある。

最近ではプロ野球の広島カープや横浜DeNAベイスターズなどもいろいろ工夫するようになり、ファンサービスが向上した。bjリーグも音響効果やチアリーダーの応援などで観客を楽しませる工夫をしていた。

しかし、エンターテインメント性という部分では、アメリカのプロスポーツと比較すると、まだプロと部活動くらいの差があると言わざるを得ない。

確かに日本人は照れ屋で、スポーツ観戦の場でみんなが一緒になって盛り上がろうというようなムーブメントが起こりにくい。

しかし、やるべきことは山ほどある。

プロスポーツの舞台とは、観戦に来た人々が日常のいろいろなものから解き放たれて、心から楽しめる場所でなければならない。子どもたちにとっても、大勢の観客で沸き立つゲームを見て「自分も選手になりたい」と思うほどの魅力が必要だ。

スポーツ運営に関わる人には、そういった新しい文化を創ろうという意気込みが欲しい。スタジアムやアリーナに行ったらこんなに楽しめるのか、というものを見せてほしい。そうなれば、スポーツはさらに身近に、生活に密着したものになるはずだ。

グローバルなスポーツゆえの、様々な問題

サッカーはグローバルなスポーツであるがゆえに、それぞれの民族意識を刺激する。しかも、ボーダレスになった今、世界で起こっている非常事態は、もはや対岸の火事ではなく、「今そこにある危機」になった。

Ｊリーグ立ち上げの頃、参加団体の代表者と共にイングランドやドイツなどサッカー先進国のスタジアムを見て回った。当時はフーリガンが社会問題になっていて、どのスタジアムにも全席を監視できる防犯カメラが備え付けられ、泥酔して暴れる客などを収容する鉄格子の檻までもが設置されていた。また、試合ごとに予想される観客数に見合った人数の医療チームが配置され、観客の安全確保と最悪の事態に備える態勢が取られていた。

当時はまだ日本のサッカーは人気がなく、スタジアムに来たお客さんを数えられるほど

の状態で、サッカー先進国との彼我の差を感じた。

しかし、Jリーグがあれほどの人気を博すと思っていなかった我々関係者は、そこまでの対策は必要ない、むしろ、盛り上がって大騒ぎしてくれたら御の字と、呑気に構えていたものだ。

だが、2014年シーズン、Jリーグでは無縁だと思っていた人種差別の問題に直面した。浦和レッズのホームゲームで一部のサポーターが「JAPANESE ONLY」と書かれた差別的横断幕を掲げたのだ。クラブはこの横断幕に気づいていながら、試合後半の途中までそれを放置していた。

差別に対する日本人の認識の甘さがこういった事態を招いたのだろうが、Jリーグはこれを重大な問題とし、実行者を無期限の入場禁止に、クラブにはJリーグ史上最も重い「無観客試合」という制裁を科した。

女性も子どもも安心してサッカーを楽しめる日本のスタジアムは海外からも高い評価を得ていただけに、この事態を知り、忸怩たる思いに駆られた。

違法賭博による八百長もサッカーの尊厳を脅かす深刻な問題だ。

ITの発達によってライブで世界各国のサッカーの試合を見られるようになったことか

ら、賭博市場もグローバル化し、しかも多様な賭けが行われている。

Jリーグ立ち上げの頃、マレーシアのサッカーリーグで八百長疑惑が浮上したことがあった。日本では起こり得ないと高を括っていたが、サッカーくじ（ｔｏｔｏ）導入の話が水面下で検討されていたことから、もしもｔｏｔｏによって試合が操作された場合、リーグ全体の信用が失墜すると危機感を抱き、『Jリーグ規約』に「最強のチーム（ベストメンバー）による試合参加」の義務化を明記することを提案した。

「何をもってベストメンバーと定義するのか」と異論が出たが、精神条項のようなものだとしてもそれが一つの抑止力になると考え、反対を押し切って条文にした。

現在、世界の賭博産業は約８０００億米ドル規模と言われ、そのうちサッカー賭博が占める割合は85％に及ぶ。賭博サイトの数も、合法なものを含めて1万サイト以上ある。賭けの種類も昔のようにチームの勝ち負けだけの単純なものではなく、最初の警告者や退場者は誰か、最初にスローインするのは誰かなど、試合と同時進行で様々な賭けができる「ライブベッティング」が行われており、その種類は1試合だけで50以上に上る。

２０１１年には韓国でもKリーグとカップ戦21試合で八百長が行われていたことがわかり、それに加担した選手41人が永久追放となった。幸い、日本では一度も起こってはいないが、Ｊリーグは海外の１７０に及ぶブックメーカー（賭博事業者）の間で賭けの対象になっているため、こういった問題がいつ起こっても不思議ではない。

Ｊリーグではその対策として、ＦＩＦＡのＥＷＳ（早期警告システム）を導入し、試合のオッズの急な変動など不自然な動きがないか監視したり、ＦＩＦＡやインターポール（国際刑事警察機構）と連携して、買収の標的となる審判員や選手、関係者、関連する省庁などの担当者を対象にワークショップなどを行っている。

もっと恐ろしいのはテロだ。

２０１５年11月、フランスのパリ市街と郊外のサンドニ地区のスタジアムなどがテロの標的になった。事件発生時、サンドニのスタジアム、スタッド・ド・フランスでは男子サッカーのフランス対ドイツ戦が行われており、フランスのオランド大統領とドイツのシュタインマイアー外務大臣も観戦していた。入念にセキュリティーチェックを行っていたため、スタジアムにいる何万人もの観客が被害に遭うことはなかったが、入場口付近や近隣のファストフード店で爆発があり、犠牲者が出た。

楽しみの場であるスポーツの場がテロの標的になったことに大きなショックを受けた。子どもや女性までもが標的になる無差別テロだけに、その対策は想像がつかないくらい難しいものになっている。

グローバル化時代の現代社会では、定石を当てにしても通用しない事態が起こるだろう。だから、国内外のあらゆる側面から物事を捉えて危機の芽となるものを感知し、何重にもわたる防護策を講ずるしかない。もっとも自浄作用を促すための、危機に備える力、悪と対抗する精神力は「人間力」そのものであり、そういう意味で教育が不可欠であることは言うまでもない。危機に対する策や教育、啓発活動はどんなにやってもやりすぎるということはない。スポーツの素晴らしさを発信して良い環境を広げていく一方で、世の中に対して警鐘を鳴らす努力を怠ってはならない。

スポーツを「支える」

スポーツには「する」「見る」「支える」という関わり方があるが、日本では三つ目の「支える」という文化がまだ十分に培われていないように感じる。

2012年のロンドンパラリンピックが大成功を収めたことで、日本でも障がい者スポーツを盛んにしようという気運が高まっているが、2020年の東京パラリンピックも盛り上がり、それを機に「支える」部分が充実すればと期待している。

僕が初めて障がい者のスポーツを目にしたのは、1960年に行ったドイツ・デュイスブルクのスポーツシューレだった。1964年の東京オリンピックの1カ月後にパラリンピックが開催されたが、それは後で知った。

それから随分経って、確かジェフユナイテッド千葉の試合だったと思うが、目と耳が不自由な人が観戦に訪れ、付き添いの人がその人の手を握って試合の行方や感動を伝えていたという話を聞いた。なるほどそうやって楽しむことができるのかと新鮮な感動を覚え、障がいがあるからスポーツを楽しめないと思うのは大間違いであることを再認識した。

前回の東京パラリンピックと2020年のそれは天と地ほど違うものになると思うが、大会が終わったら先細りしてしまうようでは開催した意味がない。

まずは行動することが重要だ。日本人は照れや恥ずかしさがあって、なかなか行動に移せないところがあるが、2020年には、日本人の行動力のあるところを見せられるようにしていきたい。それにはやはり、教育が重要なカギを握るし、健常者と障がい者が交じってスポーツを楽しむ機会を今から多くつくっていくことだ。

バスケットボールやテニスなど車椅子の競技やブラインドサッカーなどで障がいの有無に関係なくみんなで楽しめるようなスポーツは結構ある。実際にやってみるとどれだけ難しいかよくわかる。それを知るだけで障がいのある人々を理解することにもつながっていく。

ＪＦＡは２０１６年4月に、「アンプティ（切断障がい）」「ＣＰ（脳性麻痺）」「ソーシャル（精神障がい）」「知的障がい」「電動車椅子」「ブラインド（視覚障がい）」「ろう者（聴覚障がい）」の七つのサッカー団体と共に「一般社団法人日本障がい者サッカー連盟」を設立した。

その背景には、障がい者スポーツの環境が徐々に変化してきたことがある。一つは２０11年8月に施行されたスポーツ基本法に「障害者スポーツ」の参加が加筆されたこと、また、障がい者スポーツの競技性が向上し、福祉の観点に加えてスポーツ振興の観点から推進していく必要性が高まってきたこと、スポーツ振興における障がい者スポーツの事業が厚生労働省（厚労省）から文科省に移管されることになったことなどが挙げられる（障がいのある人のリハビリテーションの一環として行う事業は引き続き厚労省が管轄する）。そういう中で、２０２０年東京オリンピック・パラリンピックの招致が決まり、２０１５年10月にはスポーツ庁も設置された。

日本障がい者サッカー連盟ができたことで、七つの団体は、ＪＦＡが持つネットワークやノウハウを活用できるようになった。ＪＦＡも、障がい者サッカーの先進国であるイングランドのサッカー協会から講師を招聘して指導者講習会を開催したり、デフサッカー（聴覚障がいのある人たちによるサッカー）の審判講習会を行っている。また、ＪＦＡの公認指導者養成講習会のカリキュラムに障がい者サッカーの項目を追加するといった動きも出てきている。

多くの人々を巻き込みながらその基盤を固めていくことが重要で、各競技団体にもこのような動きが出てきてほしいと思っている。そうすれば、「支える」部分も成熟していくだろうし、少子高齢化社会に対応する体制ももっと充実してくるはずだ。震災復興はもちろん、高齢者や障がい者、外国人など多様な価値観を認めるダイバーシティの推進という観点からも大きな効果が期待できる。

スポーツ界の未来のために

ヨーロッパでは、パブリックスクールや大学でスポーツを楽しんだＯＢたちや労働者らが余暇にスポーツを楽しもうとチームをつくり、それらが集まって地域のスポーツクラブへと発展していった。マンチェスター・ユナイテッドやＦＣバルセロナに代表されるように、多くのクラブが100年以上の歴史を持つ。Jリーグはそういった「地域に根ざしたスポーツクラブ」をモデルに誕生した。

しかし、日本では、学校体育と企業スポーツを中心に発展してきたことからスポーツが「文化」として醸成されていない。

そこでJリーグは、まずプロのサッカークラブをつくり、それが地域の各種スポーツ活動を支援する中でその街のシンボルとなるスポーツクラブになることを目指した。「Jリーグ百年構想」には、「100年かけてでもその理念を実現させるぞ」という強い思いが込められている。

前述した通り、日本ではスポーツが学校体育に取り入れられたことで「お金を払ってスポーツをする」という感覚が薄い。それぞれの地域に小学校の数くらいスポーツクラブがあり、住民が、安価で気軽にスポーツを楽しめる文化が根付けば、参加意識や目的意識が高まり、スポーツはもっと身近になっていくはずだ。

それに、いろいろなスポーツを楽しむことにもつながる。日本の指導者は選手がある競技を選択するとほかのスポーツをやらせたがらないが、アメリカのマイケル・ジョーダンのように、バスケットボールのトッププレーヤーとして、また野球でも活躍する選手もいる。ラグビー日本代表の五郎丸歩選手がサッカーで身につけたキックの技術を生かしてラグビーのスタープレーヤーになったような好例も増えてくるだろう。

それと、コーチングの問題。日本はどうしても弱点や欠点を矯正する指導が多い。指導者には、いちいち怒ったり怒鳴ったりせず、その子が持つ個性や特長をどんどん褒めて伸ばすコーチングをしてほしい。

褒めることで、わがままを助長させるのではないかと心配する向きがあるのかもしれないが、「ならぬことはならぬもの」としっかり教えた上で子どもの個性を伸ばしていけば、自立心や自制心を育むことにもなるだろう。

そもそも、厳しく指導していいのはエリート選手であって、トップレベルと草の根の指導はそれぞれ区別されるべきだ。また、ほかの子どもと比較しての良し悪しでなく、できなかったことができたり、その子の頑張る意志や成長した部分を見てあげて、そこを思い切り褒めてやる。そうすることで、一人ひとりが意欲を持って様々なことに挑戦するようになるだろう。特に育成年代の子どもに関わる指導者は、「子どもたちを楽しませる」ということにもっと目を向けるべきだと思う。

近年、科学技術の進歩により人工知能（ＡＩ）の研究が盛んだが、ロボット業界では2050年までにワールドカップでロボットが人間最強のチームに勝つという目標を掲げて、開発に取り組んでいる。

しかし、どれだけテクノロジーが進み、ＡＩが人々の生活を席巻しようが、スポーツは、生身の人間が、ルールに則って体力や技能の粋《すい》を結集して戦うもので、その中で喜びや悔しさ、感動や興奮を味わえる、人間同士でないと成り立たない崇高なものと言えるだろう。

1974年のワールドカップ西ドイツ大会でオランダが見せた「トータルフットボール」こそが究極のサッカーだと思ったが、その後も世界のサッカーは日進月歩で変貌を遂げている。

日本のスポーツも、国民一人ひとりの生活に深く根付き底辺が拡大することによって、ピラミッドの頂点はもっともっと高くなっていくと確信している。

著者略歴

川淵三郎《かわぶちさぶろう》

一九三六年、大阪府出身。
早稲田大学サッカー部を経て、一九六一年に古河電工に入社。
同社サッカー部でプレーする。一九七〇年に現役引退。
サッカー日本代表監督などを経て、一九九一年にJリーグ初代チェアマンに就任。
二〇〇二年に同職を退き、日本サッカー協会の会長に就任。
二〇〇八年に退任後は、同協会名誉会長を経て、現在は同協会最高顧問。
その他、公立大学法人首都大学東京理事長、
日本バスケットボール協会エグゼクティブアドバイザー、
日本トップリーグ連携機構会長など、肩書多数。
『采配力』『「J」の履歴書』などの著書がある。

幻冬舎新書 426

独裁力

二〇一六年九月三十日 第一刷発行

著者 川淵三郎
発行人 見城 徹
編集人 志儀保博
発行所 株式会社 幻冬舎
〒一五一-〇〇五一 東京都渋谷区千駄ヶ谷四-九-七
電話 〇三-五四一一-六二一一(編集)
〇三-五四一一-六二二二(営業)
振替 〇〇一二〇-八-七六七六四三
ブックデザイン 鈴木成一デザイン室
印刷・製本所 株式会社 光邦

検印廃止

Printed in Japan ISBN978-4-344-98427-1 C0295
か-20-1
幻冬舎ホームページアドレス http://www.gentosha.co.jp/
*この本に関するご意見・ご感想をメールでお寄せいただく場合は、comment@gentosha.co.jp まで。